補訂版

売上・利益を維持し、
ドライバーを定着させる

中小企業のための
トラック運送業の
時間外労働削減
の実務

社会保険労務士事務所オフィスきよみ
特定社会保険労務士　**石原清美** 著

第一法規

はじめに

　物流業界への2024年問題といわれる法改正に向けての、ご質問が多く寄せられています。それも、余力のある中小企業者や大企業などでしかできない改善策ではなく、数人もしくは数十人の中小企業で、実際に対応が可能である対策を求められています。

　労働基準法の法改正で中小企業に対する猶予措置が終わり、2023年度の時間外労働の60時間超え割増率が25％から50％に引き上げられ、その負担により中小企業者の倒産が危ぶまれています。その対策は、事業者が自ら本気になって社内の構造改革を行い、労働時間を短縮できるような物流の効率化を目指さなければなりません。

　日々の配車対応に追われながらも、2024年問題の対策に向けて、どのように手をつけなければならないか、また、今、何を行うべきなのかなど、具体的な内容を知りたいとのご希望が寄せられます。

　トラック運送業に関与しまして、30年以上が過ぎました。

　運送会社に勤務することとなったきっかけは、関東の運送事業者が大阪に営業所を開設され、アルバイト事務員が必要となり、そこで知合いの方からの紹介での入社となりました。客先荷主は、大阪に本社を置く、大手一部上場会社です。その元請としての運送会社でした。

　しかし、当時の私は運送会社のことは何もわからず、ただトラックは怖いものという印象がありました。そして面接の際に、どのようなことをするのかと尋ねましたら、電話番と聞いた記憶があります。

　さて、入社日に出勤すると、協力会社（昔は備車と言っていましたが、今は禁句のようです）の社長がおられ、所長の指示で事務での文房具を購入するために文房具屋さんに連れて行って頂いた車内でのことです。当

時は、運送業に携わっている女性が少なかったからか、「あんたなぁ、この運送業では務まらんわ。」と、早々に告げられました。

そこで、私は心の中で思いました。「まだ、何もしていないのに、何がわかるのですか？」私の闘争心を湧きたたせたひと言でした。そのひと言があったから、いまの私があると言っても過言ではありません。

そこから、毎日、所長が朝の点呼と配車などを行い現場へ行かれます。私の仕事は、電話番とのことでしたので、電話の取次ぎをしていましたが、実は所長が行う配車に興味津々でした。

ある程度、仕事の流れがわかりかけてきた時分に、所長から配車をしてみるかと、内容を教えて頂き補佐として勉強させて頂きました。それから、平成５年にトラックの運行管理者試験を受験し合格しました。当時の受験者はおじさんばかりであったことを覚えています。確かに女性はいませんでした。なにか場違いのような感じでした。

勤務していた運送会社の当時の配車は長距離専門で、それも一番売上が上がる大阪から東京に上る仕事を一手に引き受けていました。最初は、協力会社の元気な配車のおじさんには、「今まで、所長が仕事をこちらによこしていたのだから、何も考えずに、よこせばいいんや。」と度々言われました。横柄な態度での対応は我慢ができますが、現場での従業員の事故が多かったので、事故対策を何度もお願いしました。けれども、その協力会社は安全に力を入れておらず、当たり前のように仕事が来るものと思っておられたのか、改善される余地もありませんでした。

所長から、配車を全面的に任せて頂き、それから自由に配車をしました。１年も経たないうちに、協力会社の顔ぶれが変わりました。配車が済むと、そのまま客先に伺うのですが、そこで他の大手運送会社の役員が来られているのを見かけます。

私の勤務していた会社は、その客先より長距離を全車任されており、

私の仕事は、その全車引き受けていた長距離輸送を一台も崩さずに配車を行うことであると自分に言い聞かせていました。客先の担当者とはいつも相談をしながら業務を行い、安全について話し合いました。多大なる客先の協力があったこともあり、配車をしていた当時は、その客先の輸送部門の売上の80%を頂いていました。

　配車を行う際に気を付けていたことは、第一にドライバーがいかに気持ちよく仕事ができるかということでした。特にドライバーとのコミュニケーションを日々とるようにしていました。運送事業者にとって、運賃を頂き無事に配達することが業務ですが、実際に荷物を輸送するのはドライバーです。ドライバーを見かけたら、ちょっとした気遣いの「ありがとう」の声かけがあれば、ドライバーのモチベーションアップにつながります。その少しの思いやりを心掛けたおかげか、ドライバーからの信頼を得ることができて、もめごとはまったくありませんでした。

　その後、社会保険労務士の資格を取得し、運送業専門の社労士として、独立し、今ではトラック大好きな社労士となりました。現場に行くと、社長室より先にトラックを見るために、車庫を歩きます。先日も、部長が慌ててヘルメットを持ってきて下さったこともありました。

　今回、コロナ禍となり、外出規制がかかったことで、一部を除いて物流が大幅にストップしました。その一部とは、巣ごもりによるネット通販やスーパーなどに配送しているトラック運送業で、今までより一層忙しくなりました。けれども、大半の物流会社は物量が激減し、それに伴いドライバーの労働時間も削減となりました。そのような流れにより労働時間削減となったことは、たいへん喜ばしいことではありますが、これは一時的で、残業代を生活費の一部としているドライバーが多い中、残業時間がなくなることによる賃金の低下が、別の問題となりました。

　しかしながら、経済を優先することとなり、物流業界も戻りつつある、

いつもながらにそれに伴う長時間労働が再び見え隠れしています。

　正しい時間管理を行うことは、2024年問題への対応策としての取組みというだけでなく、会社の現状がわかり、その原因を追究することで運送業界全体の労働環境改善への道が開けます。

　労働時間管理について一例を示しますと、最初は社長の方針に猛反発しているドライバーもいましたが、「社長が時間管理をやる」と決めたからには、全従業員が意見を出し合い、現場のドライバーにも「どうしたらできるか」と相談しながら、一緒になって取り組んだ事例があります。約3年間にわたって研修を行い、時間はかかりましたが、改善はもちろんのこと、管理者と同時にドライバーの意識も変わりました。最終的には、各部署全体で1時間あたりいくら稼いでいるか、無駄な残業はないかなどと、生産性の向上と利益の両立をめざすことができました。

　運送会社の長距離輸送配車の運行管理者として、また、社会保険労務士として大小さまざまな運送業者と関わらせて頂いてきました。その経験をふまえ、会社規模を問わず行うことができる、もしくは行わなければならない、トラック運送業の時間外労働削減について、基本の「き」の内容に加えて、改善に取り組み成功した事例なども交えてお伝えできればと思い、筆をとらせていただきました。

　このような、実際に行うことができた内容を参考にして頂き、多いにトラック運送業者様の、お役に立てますようにと願っております。

2023年5月

社会保険労務士事務所オフィスきよみ

特定社会保険労務士　石原　清美

第1章 「2024年問題」とは

1 背景─運送業の働き方改革と法改正

　2018（平成30）年7月6日に安倍内閣による働き方改革を推進するための関係法律の整備に関する法律（以下「働き方改革関連法」という。）が公布されました。その中で、労働基準法の時間外労働時間が上限規制となり、その上限時間数が明らかとなりました。

　それまで、時間外労働に関する基準の延長時間の限度は告示で示されていたものの、実際には、その限度とは別に特別条項付き労使協定を締結することにより、特別な場合による理由という名目で上限時間があいまいになっていました。その時間外労働に関しては青天井で認められ、「法の抜け道」というものがありました。

　それを制するために、中小企業も働き方改革関連法で2020（令和2）年度より一般労働者は時間外労働上限規制が適用されましたが、自動車運転者に対しては5年間の猶予期間が設けられました。それは、日常的に長時間労働が行われている職業であり、その対策を講じるための猶予と解されます。

　しかしながら、そのような猶予を設けられたのにも関わらず、思いもよらないコロナ禍となり、その影響でトラック運送業の仕事量が少なくなり長時間労働は削減できました。その一方で、運転者の中には時間外労働による残業代を生活費に充てている労働者も多く、労働時間削減で

収入面での別の問題が浮上してきています。

ひと昔前では、20歳代でもドライバーの仕事をすると収入が多いので、家を建てることは難しくなかったのですが、今は長時間労働で仕事に見合うだけの収入もなく、ドライバーの平均年齢も上がってきています。

【トラック輸送における取引環境・長時間労働改善に向けたロードマップ】

	2015 (平成27) 年度	2016 (平成28) 年度	2017 (平成29) 年度	2018 (平成30) 年度	2019 (平成31) 年度	2020 (平成32) 年度	2021 (平成33) 年度	2022 (平成34) 年度	2023 (平成35) 年度	2024 (平成36) 年度
① 中央・各都道府県において協議会の開催	協議会の開催(平成35年度まで継続)									自動車運転者への時間外労働の上限規制の運用開始
	パイロット事業の計画・検証等			助成事業の計画・検証						
② 長時間労働等の実態調査、対策の検討	調査の実施・検証					調査の実施・検証②		調査の実施・検証③		
③ 実証実験・助成事業の実施		パイロット事業(実証実験)の実施、労働時間削減のための助成事業		コンサルティング事業の実施	アドバンス事業の実施					
					新たな方策の検討	新たな方策の実施				
④ ガイドラインの策定・普及				ガイドラインの策定	必要に応じ随時改訂					
					普及					
⑤ 取引環境・長時間労働改善の普及・定着				普及・定着の促進						
				「ホワイト物流」推進運動の推進						

資料出所:国土交通省トラック輸送における取引環境・労働時間改善中央協議会資料 2018(平成30)年9月

さて、トラック運送業での2024年問題とは何か、その対策はどのようにしなければならないのかを考えてみます。

2020(令和2)年の時間外労働上限規制の猶予措置が終わり、自動車運転者に対する適用が2024(令和6)年度より開始されます。それに伴う物流業界に生じるさまざまな問題のことが「2024年問題」といわれています。その法改正での「時間外労働上限規制」について大きな影響が予測され、重要視されているため、長時間労働削減について考えなければなりません。このトラック運転者という職業は、日本のライフラインを司る必要

不可欠な職業でありながら、長時間労働が慢性化されているため、その対策を講じる必要性があります。

　もっとも、全業種での年間平均労働時間は2,100時間であり、全日本トラック協会の2020（令和２）年の運転者の平均労働時間は大型車では**2,532時間**、中小型車では**2,484時間**ですので、１カ月平均とすると全業種と比較して約40時間あまり超過しています。しかし、トラック運送業では、年間を通じて平均的に仕事があるわけではなく、一般的には年度末である３月や年末の12月、小売業での百貨店などの中元や歳暮時期などの繁忙期には、時間外労働が80時間までに収まることは、大変難しいことと考えられます。

　また、トラック運転者の人員不足が続いており、どのようにすれば人が来てくれるかなどとの質問が多く寄せられます。ドライバー自身も業界で人材が不足していることを承知していますので、乗車拒否や配車拒否などが目立ってきました。

　普段から、辞める、辞めると言っているドライバーは、なかなか辞めませんが、真面目に勤務しているドライバーは、一度辞めるというと止めても辞めてしまいます。それは、普段から我慢をしているからです。そのようなドライバーがいてくださるからこそ、会社の業務が行われるので、大切にして頂きたいと強く思います。

　従業員は、勤務している会社での労働環境、つまり働きやすい労働環境であるのか、居心地が良いかどうかで転職を考えることが多いのです。この会社で働き続けたいという気持ちで業務を遂行できるよう、会社の労働環境の整備をしておく必要があります。もちろん、給料は少ないより多い方が良いですが、その前に、どれだけやりがいのある仕事であるか、会社に将来性があるのかなども重要ではないでしょうか。

【トラックドライバーの年間所得額の推移および年間労働時間の推移】

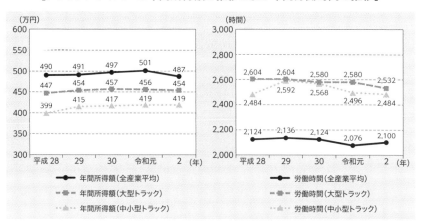

（資料出所：厚生労働省「賃金構造基本統計調査」）

　この業種は、低賃金と長時間労働といわれ、労働環境が酷悪となっている事業者が多く存在していると考えられています。それゆえに、トラック運転者自体の人材不足が危機的な状況となっているのでしょう。

　このため、各事業者が働きやすい環境作りを目指し、目に見える現実的な環境作りや、でき得る限りの福祉政策を行う必要があります。また、2020（令和２）年度より国土交通省により実施されている「働きやすい職場認証制度」の一つ星の取得は、職場環境を改善する上で有効と考えられます。これを取得すると、求人の際、ハローワークにおいて求職者に対し優先して認定された事業者が紹介されるインセンティブがあります。

　また、2022（令和４）年には、働きやすい職場認証「一つ星新規」「一つ星継続」「二つ星新規」の申請となり、職場環境改善に向けた事業者の取組みを「見える化」することで、求職者の運転者への就職を促進し、人材確保の取組みを後押しすることを目的とした制度の活用も一つの方法であると考えます。

【トラック運転者需給の将来予測】

	2017年度	2020年度	2025年度	2028年度
需用量	1,090,701人	1,127,246人	1,154,004人	1,174,508人
供給量	987,458人	983,188人	945,568人	896,436人
不足	△103,243人	△144,058人	△208,436人	△278,072人

(資料出所：公益社団法人鉄道貨物協会「平成30年度本部委員会報告書」令元.5)

　人材不足が慢性化しているトラック運転者需給の将来予測では、2028（令和10）年度には、ドライバーが求人に対して約28万人不足すると予測されています。ドライバー数が減ると事業者数も減少します。どのようにすれば、トラック運送業で生き残っていけるかを、他人事ではなく、真剣に考えなければなりません。

2　リスクと罰則

　2024（令和6）年4月より自動車運転者も時間外労働時間の上限規制が身近に迫ってきています。時間外労働の上限が1年960時間までで、その上限を超える時間外労働が発生すると法違反となり是正勧告となりました。ただし、36協定で届出されている時間が上限規制の時間外労働時間より短い場合は、その届出された時間が上限となりますので注意が必要です。

　それに加え、暫くの間、中小企業者が猶予されていた時間外労働60時間超の割増賃金率が2023（令和5）年4月から大企業と同じ25％から50％となりました。ますます厳しい状況が続きます。また、最近は、企業不振による解雇やより良い環境を求めての転職が増加しつつあり、残された少ない人数で同じ仕事量をこなすこととなるため、より一層長時間労働に拍車がかかっています。

3 中小企業の現状と「2024年問題」

労働者における古典的労働法は、19世紀イギリスの工場法から始まりました。日本でも、戦前の工場法は富岡製糸工場の女工さんたち労働者の健康確保のために制定され、日本における初めての労働者保護法でした。そして、戦後の1947（昭和22）年に労働基準法が制定されました。

トラック運送業においては、1990（平成2）年12月に施行された貨物自動車運送事業法により、事業参入が従来の免許制から許可制に変更となり参入規制が緩和されました。それに伴い新規事業者数は急激に増加しました。当時バブル時代と言われ、仕事量は激増しつつありましたが、事業者数の増加により市場競争となり、新規事業者などによる運賃のダンピングが起こりました。その影響で売上の減少となり適正な運営を行うことが難しくなりました。そして、従業員の労働環境も悪化の道をたどることとなりました。従業員の社会保険未加入や時間外労働増加による過重労働など労働環境が悪化する事業者も増えていました。

日本における貨物輸送量の50％以上を自動車輸送が占めており、国民生活に対する役割は大きく、その重要性は計り知れません。身の回りにあるものの多くがトラック運送事業によって輸送されており、そのうち、99.9％は中小企業です。ちなみに、運輸業での中小企業と言われるのは、資本金3億円以下、従業員数300人以下の事業所ですが、全体の約9割以上が中小企業であり、そのうちの従業員規模50人以下は90.5％となっており、51人以上は9.4％となっています。

そして、現在もトラック運転者の人員不足といわれ続けていますが、勤務している運転者が退職しなければ、新規募集も必要とならないし、また、新規募集により新たな運転者を採用できれば人員不足には陥りません。

　しかし、新規採用についても進まないため、退職者の発生により現在勤務している従業員の個々の仕事量が増えることとなり、ますます労働環境が悪化せざるを得ない状態となっています。そして運転者の数が減ると、必然的に売上げも減少していく結果となります。

　そのような流れになると、残った従業員に負担がかかり、居心地の悪さが表面化します。会社での従業員の出入りが激しくなり、急遽、募集のために会社の特徴をアピールするための求人や広告を打つこととなります。そうすると、ハローワークでは費用は掛かりませんが、民間の求人募集会社に対して依頼すると運転者を雇用できるほどの費用を毎月支払うことが繰り返されます。このようにますます負のスパイラルに陥っていくこととなっていきます。

　そこで、概ね1997（平成9）年〜2010（平成22）年ごろに生まれた若者の採用について、いわゆるZ世代といわれる彼らは、生まれたときから世の中でインターネットの普及やIT技術の確立がされてきた世代です。そのZ世代といわれる若者が働きたい職場とは、仕事よりプライベートを大切に働けるものという調査結果が出ています。

・職場の雰囲気が良く

・福利厚生などの給与面以外の待遇が良く

・会社に将来性があり

・年収が高い

となっています。

　こうしたZ世代の方々に、この運送業でドライバーとして勤務して頂くために、この業界が、とても素敵でかっこ良く、ドライバーをしてみたいという気持ちになるには、どのような業界であれば良いのでしょうか。

　人材不足といわれ続けている中でも、退職者のいない会社は多くありますが、どのような会社なのでしょうか。それは、リーダーである事業

主が会社の方向性を定め、威厳を持ち、管理職の方々が部下を信じて仕事を任すことができる環境ではないでしょうか。管理職の方々が、自身で考え、やりがいを感じることができる、そのような運転者を含めた従業員の異動がない会社が増えてきています。労働環境の良い会社、すなわち居心地の良い会社は退職者がほぼいません。

そのような会社にするために、どのようにすれば良いのでしょうか。

そのためには、労働環境の主軸をなす労働時間の把握をし、正しい時間管理を行うことで労働環境を改善することです。特にこの運送業界では、時間外労働を削減するための環境作りを行わなければなりません。まずは、正しい時間管理を行うための現状の把握が必要です。法違反の有無は関係なく従業員一人ひとりの労働時間を算出しましょう。そして、その中で、本当に残業が必要だったのかなどと、詳細に管理を行うことで、時間短縮に繋がり、やりがいのある仕事ができる糸口になるのかも知れません。

そのような状況を踏まえて身近に迫っている法改正に対して、今のうちにこの業界の一番の問題点であると思われる長時間労働の対処法である、「正しい時間管理によって時間外労働の削減をするための労働環境の改善方法」について、これまで培ってきた実践を交えて具体的に紹介します。

以前に、中小企業者の社長と話していることで覚えていることがありました。よくテレビショッピングでの「送料無料」という言葉を見かけます。その話をすると、途端に社長は急に真面目な顔になり、無料ではないでしょ！と叱られた記憶があります。それは、たとえテレビやインターネットで、販売店舗が送料無料とうたっていたとしても、運送に係る費用や労力が発生しないというわけではなく、ドライバーがその荷物を運んでいるのです。

第2章 トラック運送事業に係る法規制・罰則

1 トラック運送業の法律

　トラック運送業では、車両に関しての国土交通省と人に関しての厚生労働省が管轄になります。

　まずは、運送業の国土交通省が管轄する車両に関しての法律を説明します。

⑴　貨物自動車運送事業法などについては、一般貨物自動車運送事業の許可が必要となり、国土交通大臣に提出します。その方法は、事業用自動車としての許可を得て営業ナンバーである緑ナンバーを取得します。それは、法人、個人は問わず許可を受けることができます。

　　その要件は、事業用自動車としての5台以上の登録が必要となり、車庫証明や営業所のほかに休憩室の設置なども必要となります。原則的には、運輸業は営業ナンバーがなければ、業としての運送料金である運賃を頂くことはできません。しかし、自社工場内の輸送など他社からの運賃が発生しない場合は、自家用である白ナンバーでの輸送を行うことができます。それは、運賃が発生しないので運輸業ではないからです。

⑵　次に貨物利用運送事業法である第1種貨物利用運送事業について説明します。

　　これは、国土交通大臣に登録します。営業ナンバーを取得せずに

行える仕事で、荷物輸送をアウトソーシングし、荷物と車両を結び
つけます。事業用車両がなくてもアウトソーシングにより、業とし
て運賃を頂くことが可能です。この事業を業界用語では「水屋」や
「取扱い」と呼ばれます。

　一般的には、一般貨物自動車運送事業の運送事業者が第1種貨物
利用運送事業の登録を同時にしているところが多く見受けられます。
どのような方法で行うかといいますと、一般貨物自動車運送事業者
が、自車の台数以上の仕事の荷物があり、それをこなすために下請
事業者に仕事をアウトソーシングする場合に、この登録が必要とな
ります。

それに対して、運送業の厚生労働省が管轄する人に関しての法律を説
明します。

(1)　労働基準法は、労働基準監督署による指導の下、労働者の権利を
　　守るための最低保障の法律です。この内容を確認しながら会社での
　　就業規則などの規定を作成します。労働基準法に満たない条件で書
　　かれた就業規則の場合は、この法律まで基準が引き上げられます。

　　　ちなみに、運送業における「自動車運転者の労働時間等の改善の
　　ための基準」(平成元年労働省告示第7号)は法律ではなく告示です
　　が、法律と同じように違反があれば罰せられますので、注意が必要
　　となります。

(2)　次に労働安全衛生法については、労働基準監督署が管轄しており、
　　主としては健康診断などがあります。年1回の一般健康診断は必ず
　　受けなければなりません。

　　　それに加えて運送業では、長距離輸送などの深夜労働がある場合
　　には、年2回6カ月ごとに深夜労働に対する健康診断の受診が必要
　　となります。その深夜労働に対する基準ですが、22時から5時まで

の時間に勤務がある場合を深夜労働といい、前もって深夜労働が週
1回でもある場合には、受診しておくことが望ましいものです。

　また、運送業での健康診断については、厚生労働省と国土交通省
の相互通報制度の項目となっており、どちらかで未受診が発覚した
場合は互いに通報し合います。国土交通省での未受診は行政処分の
対象となり、未受診者が1人の場合は警告、2人の場合は車両停止
20日車、3人以上の場合には車両停止40日車の車両のナンバープ
レートをその処分日数分、運輸支局に返納しなければならない厳し
い処分となります。

(3)　労働者災害補償保険法は、いわゆる業務上での怪我などについて
労働基準監督署により労災認定されるものです。労災には、業務災
害と通勤災害があります。

　業務災害は、業務中に起こった怪我などの災害で、業務遂行性と
業務起因性により判断されます。まず、業務遂行性ですが、労働者
が労働契約に基づいて事業主の支配下にあったかどうかと、施設管
理下にあるか、業務に従事していたかどうかです。

　次に業務起因性ですが、業務と傷病などとの間での因果関係です
が、その因果関係がなければ業務災害としては判断されません。し
かしながら、休憩中ではなく、トラック乗車運転中に起こった災害
に関しては、業務遂行性および業務起因性が認められますので、そ
の辺りが判断材料となります。

　そして、この業種に多く見られる長時間労働の時間数は、労災認
定に大いに影響してきます。

【時間外・休日労働時間と健康障害のリスクの関係】

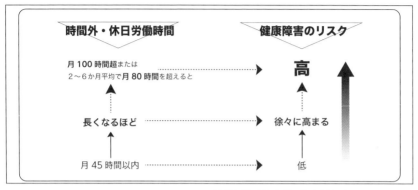

（資料出所：厚生労働省「労働基準関係法令のあらまし」）

　一般的な労災認定は、発症前1カ月で時間外労働が100時間以上では認定され、発症前6カ月間の平均の時間外労働時間数が80時間を超えると労災と認められるケースが多いと考えられています。しかし、この時間以内であっても労災認定されることも度々あります。一度労災認定されると覆ることはありません。

　また、2021（令和3）年9月14日付で、約20年ぶりに脳・心臓疾患の労災認定基準が改正されました。この改正については、

① 　長期間の過重業務の評価にあたり、労働時間と労働時間以外の負荷業務を総合評価して労災認定することを明確化

② 　長時間の過重業務、短時間の過重業務の労働時間以外の負荷要因を見直し

③ 　短期間の過重業務、異常なできごとの業務と発症との関連性が強いと判断できる場合を明確化

④ 　対象疾病に「重篤な心不全」の追加

の4点が主な改正点となります。

　改善基準に関する運転時間などについては、運転者に課せられた

基準ではなく、各運送事業者に課せられた基準であるため、運転者が複数の職場を兼務する場合は、運転者単位の労働時間管理の把握が難しくなることも事実です。運送業の時間管理については、拘束時間は労働時間に休憩時間を加えたもので、労働時間ではありません。そのためにも正しい時間管理が必要です。

　また、通勤災害ですが、主として自宅と会社との通勤途中で起こった災害が通勤災害として判断されます。通勤災害は具体的な判断基準があり、通勤途中といいながらも途中で寄り道を行うなど、通勤経路を逸脱したときには通勤として認められない場合があります。

　そして、通勤災害は、業務災害と違って、事業主の支配・管理下ではなく、労働基準法における災害補償も負うこともなく、一般的には、会社の責任を問われる可能性は低いと考えられます。しかし、運送業の場合は、業務の都合上、自家用車での通勤が多いため、マイカー通勤規程を作成し、免許証は勿論のこと、自家用車の車検証や自賠責保険証のコピーの保管や任意保険の補償額の指定などの管理も必要になるかと考えます。

(4)　雇用保険法については、ハローワークが管轄しています。一般的に失業保険といわれる失業等給付による基本手当の支給を受けます。

　また、助成金制度や教育訓練などの制度もあります。自己都合退職でありながら会社都合にしてほしいという声も聞きますが、それは事実との相違があり、事実が発覚した場合は、会社は労働者と連帯して支給された金額の3倍の納付の義務を命ぜられます。つまり、支給を受けた労働者が返済しない場合は、会社がその金額の3倍を返済しなければならないということです。

(5)　健康保険法や厚生年金保険法などは、政府管掌健康保険組合や年金事務所などが管轄となります。主な年金等に関する手続きは年金

事務所で行います。私傷病に対して健康保険で受診し、会社を休んだ場合には、一定の条件で傷病手当金の支給があります。保険料は労使折半で会社と労働者が1/2ずつ負担することになります。

2 自動車運送業の仕事の流れ

トラック運送業の客先は、荷主となります。その荷主より、仕事(荷物)を頂き、それを業(運賃発生)として、安全・安心・無事に運ぶのが、運送業の使命です。

運送事業者は、独特な多重下請け構造となっている場合が多く、荷主(製造業)⇒元請(製造業のロジスティクス等)→下請→孫請→曾孫請と次々とアウトソーシングします。しかし、実際に走った曾孫請けの会社の車両などに係る経費は、元請である運送業者が走った場合と同じであり、経費はどこの会社が走っても変わりません。しかし、実走行する運送事業者に支払われる運賃についてはアウトソーシングにより低運賃となってしまいます。備車回数が増えれば増えるほど実際に走行する車両事業者に支払われる運賃は大変安くなり、厳しくなる状態となります。

【自動車運送業の仕事の流れ】

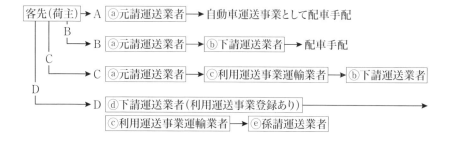

・客先(荷主)→仕事(荷物)ⓐ元請運送業者が自動車運送事業として配車手配…A自車運送

・客先の仕事をⓐ元請運送業者が受けたが、自社車両がないため、運べる車両を探した。…B下請運送業者に備車

・客先の仕事をⓐ元請運送業者が受けたが、利用運送事業運輸業者に車両を探してもらい、下請運送業者の車両で運んだ。…C利用運送〜下請運送業者

・客先の仕事をⓐ元請運送業者が受けずに、下請運送業者経由で利用運送事業運輸業者に車両を探してもらい、孫請運送業者が運んだ…D下請業者〜利用運送〜孫請運送業者

※ⓐ元請運送業者は、利用運送事業登録があるものとする。

【現在の運送業の実情】

運賃	10万円	9万円	8万円	7万円

元請運送業者

下請運送業者

利用運送事業運輸業者（水屋）

客先（荷主）

下請運送業者（利用運送事業登録あり）

下請運送業者

利用運送事業運輸業者（水屋）

孫請運送業者

3 持込み運転手について

　持込み運転手とは、自ら車両を会社に持ち込んで業務を行うドライバー

をいいます。売上に応じて支払いがなされ、形態は請負であり、雇用という概念はありません。しかも、その車両が他の会社からナンバープレートを借りて持ち込んでいる場合は違法と考えられます。また、その貸した会社も名義貸しとして、国土交通省の行政処分としての30日の事業停止となる場合があります。

その場合は、会社の車両に乗車させ、雇用として労働契約を締結することが望ましいです。一つの方法として、そのドライバーが個人事業主として独立し、5両のナンバーを取得した上で業として営んでいる場合は、下請事業者としての業務委託ができます。

ちなみに、会社に雇用された場合の労働者性の判断の基準としては、「職業の種類を問わず事業または事業所に使用されるもので賃金を支払われるもの」と定義され、トラック運送業（一般貨物自動車運送業）の場合のドライバーは、事業主に選任されるため、請負業として個人で業を行うことはできません。

4　国土交通省の委託業務である巡回指導および特別巡回指導

トラック運送業では、国土交通省の運輸支局がトラック協会に業務委託をし、2～3年ごとにトラック協会の適正化指導員による巡回指導が行われます。その指導内容は、運送業にかかる書類確認です。その指定された書類を洩れなく記入し提出することが重要となります。そして、その巡回指導は38項目の評価項目があり、AからEまでの5段階で評価され、DおよびE評価については、行政処分や監査対処になると考えても過言ではありません。あくまで巡回指導は指導ですので、改善基準告示にそぐわない結果となっても是正とならずに指導となります。労働時間や休日労働に関する監査項目もあります。

　事業者は、その書類指導で指摘された内容は即時に対応し改善しなければなりません。その改善が行われない場合は運輸支局より直接監査が行われますので、会社は指定された期間までに改善し報告します。

【適性化巡回指導 調査項目】

区　分	指　導　事　項	A	B
①事業計画等	①主たる事務所及び営業所の名称、位置に変更はないか。		
	②営業所に配置する事業用自動車の種別及び数に変更はないか。		
	③自動車車庫の位置及び収容能力に変更はないか。		
	④乗務員の休憩・睡眠施設の位置、収容能力は適正か。		
	⑤乗務員の休憩・睡眠施設の保守、管理は適正か。		
	⑥届出事項に変更はないか。(役員・社員、特定事業者に係る運送の需要者の名称変更等)		
	⑦自家用貨物自動車の違法な営業類似行為(白トラの利用等)はないか。		
	⑧名義貸し、事業の貸渡し等はないか。		
②帳票類の整備、報告等	①事故記録が適正に記録され、保存されているか。		
	②自動車事故報告書を提出しているか。		
	③運転者台帳が適正に記入等され、保存されているか。		
	④車両台帳が整備され、適正に記入等されているか。		
	⑤事業報告書及び事業成績報告書を提出しているか。		
③運行管理等	①運行管理規程が定められているか。		
	② ◆ 運行管理者が選任され、届出されているか。		
	③運行管理者に所定の講習を受けさせているか。		
	④事業計画に従い、必要な運転者を確保しているか。		
	⑤ ◆ 過労防止を配慮した勤務時間、乗務時間を定め、これを基に乗務割が作成され、休憩時間、睡眠のための時間が適正に管理されているか。		
	⑥過積載による運送を行っていないか。		
	⑦ ◆ 点呼の実施及びその記録、保存は適正か。		
	⑧乗務等の記録(運転日報)の作成・保存は適正か。		
	⑨運行記録計による記録及びその保存・活用は適正か。		
	⑩運行指示書の作成、指示、携行、保存は適正か。		
	⑪ ◆ 乗務員に対する運送の安全確保に必要な指導監督を行っているか。		
	⑫ ◆ 特定の運転者に対して特別な指導を行っているか。(事故歴把握・初任・高齢・事故惹起)		
	⑬ ◆ 特定の運転者に対して適性診断を受けさせているか。(初任・適齢・特定Ⅰ・特定Ⅱ)		

④車両管理等	①整備管理規程が定められているか。		
	② ◆ 運行管理者が選任され、届出されているか。		
	③整備管理者に所定の研修を受けさせているか。		
	④日常点検基準を作成し、これに基づき点検を適正に行っているか。		
	⑤ ◆ 定期点検基準を作成し、これに基づき、適正に点検・整備を行い、点検整備記録簿等が保存されているか。（3か月・車検）		
⑤労基法等	①就業規則が制定され、届出されているか。		
	②36協定が締結され、届出されているか。		
	③労働時間、休日労働について違法性はないか。（運転時間を除く。）		
	④ ◆ 所要の健康診断を実施し、その記録・保存が適正にされているか。		
⑥法定福利	①労災保険・雇用保険に加入しているか。		
	②健康保険・厚生年金保険に加入しているか。		
⑦運輸安全マネジメント	運輸安全マネジメントの実施は適正か。		
備 考			総合評価

総合評価：「適／全項目」の割合。但し重点項目（◆）が否の場合は1段階引き下げ。
　　　　90%〜＝A　80〜89%＝B　70〜79%＝C　60〜69%＝D　60%未満＝E

（資料出所：一般社団法人大阪府トラック協会）

　この巡回指導に対して、改善基準告示の労働時間違反に関しての特別巡回指導があります。これも国土交通省の運輸支局がトラック協会に業務委託する業務で、労働時間が改善基準告示の時間に対する違反行為が考えられる事業者に対して行われます。巡回指導などで運輸支局に報告され特別巡回指導となる流れとなります。

■特別巡回指導となる場合
　⑴　巡回指導で、改善基準告示に示された時間数に対して違反が多い場合
　⑵　労働基準監督署より監督となり、労働時間違反が著しく多い場合

【運輸支局監査指導の一般的流れ】

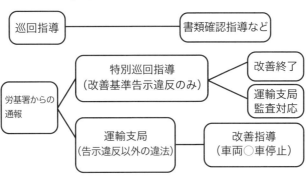

　事業者は、国土交通省の運輸支局委託による巡回指導や特別巡回指導の改善対応を行わない場合は、運輸支局からの連絡の有無に関わらず、突然に直接に監査となる場合が多く考えられます。前もって巡回指導などでの法違反が予測され、運輸支局の監査が必要と判断されたためです。そのような場合は、何らかの法違反に対して、後日、行政処分が行われる可能性が大きいです。

5　国土交通省の行政処分強化の歴史

　運送業では、大きな事故が発生することにより、その翌年には必ずと言って良いほどに法改正が行われています。法改正となるたびに厳しいことの連続とはなりますが、諦めないで正しい時間管理を行って下さい。

　いつも行政が入るとどうしようと不安になるのであれば、賃金構築などの見直しを行い、前向きな姿勢でどのようにすればうまくいくかを考えましょう。

【2013（平成25）年国土交通省の行政処分強化】

効率的・効果的な監査、実効性のある処分の実施について

バス・タクシー・トラック事業者に対する監査方針・行政処分等の基準に係る通達を下記のとおり改正

監査方針 平成25年 10月1日施行	**(1) 悪質な事業者に対する集中的な監査実施** ・監査端緒の充実を図りつつ、違反歴等の当該事業者に関する情報等を適切に把握し、重大かつ悪質な法令違反の疑いのある事業者に対して優先的に監査を実施 ・このため、各種通報、法令違反歴等を基に優先的に監査を実施する事業者及び継続的に監視していく事業者のリストを整備 **(2) 街頭監査を新設** ・バス分野を念頭に街頭監査を新設 ・利用者等からの情報や多客期等をとらえ、バスの発場などにおいて、交替運転者の配置、運転者の飲酒、過労の運行実態を点検
行政処分 等の基準 平成25年 11月1日施行	**・悪質・重大な法令違反の処分を厳格化→事業停止（30日間）** 　※処分厳格化により新たに追加された事業停止（30日間）については、平成26年1月1日から適用 ・運行管理者の未選任（現行：40日車） ・整備管理者の未選任（現行：40日車） ・全運転者に対して点呼未実施（現行：点呼未実施率50％以上、40日車） ・監査拒否虚偽の陳述（現行：60日車） ・名義貸し、事業の貸渡し（現行：60日車×違反車両数） ・乗務時間の基準に著しく違反（現行：120日車） ・全ての車両の定期点検整備が未実施（現行：20日車×違反車両数） **・事業停止後も引き続き法令違反の改善なし→許可取消** **・その他、記録類の改ざん、交替運転者の配置違反、日雇い運転者の選任等→処分量定の引き上げ** **・軽微な法令違反の対象を拡大→文書警告** 　記録の記載不備については違反件数の多寡によらず文書警告（行政指導） **・運行管理者資格者証返納命令の厳格化** 　返納命令の適用事項を見直し、運行管理者の名義貸しの禁止を明示等

（資料出所：国土交通省報道発表資料「自動車運送業の『安全管理体制の強化』及び『効率的・効果的な監査、実効性のある処分の実施』について」平29.9）

　2013（平成25）年に、国土交通省での大きな法改正がありました。その監査方針は、「悪質な事業者に対する集中的な監査実施であり、重大かつ悪質な法令違反の疑いのある事業者に対して優先的に監査を実施すること」であり、継続的に監視していく事業者のリストを作成し整備されます。悪質・重大な法違反となれば、その処分は30日の事業停止であり、その停止後も法違反の改善なき場合は、認可取消しになります。

　処分される内容は、次のとおりです。

① 運行管理者の未選任

　　運行管理者が選任されている場合でも、不在の場合や届出の変更を行っていない場合は、未選任となる場合があります。特に気を付けて頂きたいのは、以前に選任されていた方が退職され抹消されて

いない場合は、30日の事業停止までとはならなくとも処分の対象と
なります。

② 整備管理者の未選任

運行管理者と同様です。

③ 全運転者に対して点呼未実施

実際には点呼をされておらず、運転日報などから事後に点呼簿を
作成されている事業者を見かけます。点呼は、自動車運転者の健康
を確認する一番の方法ですので、必ず行うようにしましょう。

④ 監査拒否、虚偽の陳述

⑤ 名義貸し、事業の貸渡し

持ち込み運転手の場合が考えられます。

⑥ 乗務時間の基準に著しく違反…自動車運転者のための改善基準告
示が守られていない場合です。労働基準監督署(厚生労働省)と運輸
支局(国土交通省)との間で相互通報制度があります。よく行われて
いるのは、労働基準監督署に監督(監査)され、ドライバーなどの労
働時間が著しく守られていない場合は、運輸支局に通報となります。
監督された場合で長時間労働などが気になる場合は、運輸支局が訪
れても大丈夫なように準備をしておかなければなりません。

⑦ すべての車両の定期点検整備が未実施…営業ナンバーの車検は
1年ごとですが、それ以外に3カ月点検を行わなければなりません。
業務の合間での点検となりますので、予定表などを作成しながら必
ず行うようにしましょう。

重大かつ悪質な法令違反の内容は、「⑥乗務時間の基準に著しく違反」
が重視され、改善基準告示の数多い内容を遵守しなければなりません。
そのためには、徹底した時間管理と乗車するドライバーの理解が必要に
なります。充分に話し合い、なぜ時間管理が必要なのかをドライバーに

理解してもらうようにしましょう。理解できれば、ドライバーの行動が変わります。

　また、その処分に対しての改善は、監査日がわかっている場合はその日の前日までに改善します。突然に訪問される場合もありますので、訪問された日に改善ができていれば、法違反であると指摘されることはありません。しかしながら、法違反とわかった日以前の書類を作成することは、偽証と考えられる場合がありますので、気がついた時点より作成することが望ましいです。

　次に、2018（平成30）年に国土交通省にて行政処分強化に対する法改正が行われ、主として乗務時間等告示遵守違反として月の拘束時間が293時間以内（労使協定締結の場合は1年のうち6カ月までは、1年の拘束時間が3,516時間を超えない範囲内において、1カ月320時間）で、休日労働は2週間に1回までという内容が重視されました。また、健康診断や社会保険等未加入に対して警告から40日車までの車両停止処分が科されるようになりました。

　健康診断未受診者　1名　または　社会保険等未加入　1名
…… 警告

　健康診断未受診者　2名　または　社会保険等未加入　2名
…… 20日車両停止

　健康診断未受診者　3名以上　または　社会保険等未加入　3名以上
…… 40日車両停止

　この改正後の強化内容で車両停止となった場合は、停止台数が保有台数の5割に引き上げられたので停止期間は短くはなりますが、停止車両数が多くなるため、その期間の業務は半分とならざるを得なくなります。

【国土交通省による行政処分の強化（2018（平成30）年7月）】

```
処分量定の引き上げ（トラック、乗合バス、タクシー）
○過労防止関連違反に係る行政処分の処分量定を引き上げる。
```

《現行》初違反

▷ 乗務時間等告示遵守違反
（安全規則第3条）（運輸規則第21条）
・未遵守5件以下　　　　　警告
・未遵守6件以上15件以下　10日車
・未遵守16件以上　　　　　20日車
・未遵守31件以上 3名以上等 30日事業停止

▷ 健康状態の把握義務違反
（安全規則第3条）（運輸規則第21条）
・把握不適切50％未満　　　警告
・把握不適切50％以上　　　10日車

▷ 社会保険等未加入
（事業法第25条）（運送法第30条）
・一部未加入　　　　　　　10日車
・全部未加入　　　　　　　20日車

《改正》初違反

▷ 乗務時間等告示遵守違反
1箇月の拘束時間及び休日労働の限度に関する違反が確認された場合は、左記（現行）の件数として計上し処分日数を算出するとともに、さらに別立てで次のとおり処分日数を算出し、左記の処分日数に合算する。

・未遵守1件　　　　10日車
・未遵守2件以上　　20日車

・月の拘束時間（トラック）
　→293時間以内（労使協定 320時間）
・休日労働
　→2週間に1回まで

▷ 疾病、疲労等のおそれのある乗務
・健康診断未受診者　1名　　警告
・健康診断未受診者　2名　　20日車
・健康診断未受診者　3名以上 40日車

▷ 社会保険等未加入
・未加入1名　　　　警告
・未加入2名　　　　20日車
・未加入3名以上　　40日車

・健康保険
・厚生年金保険
・労働者災害補償保険
・雇用保険

その他処分量定の改正
・記録の改ざん、不実記載のような労働時間を管理する点で問題がある事項及び虚偽届出については処分を強化する。
・帳票類の「全て保存なし」については、「全て記録なし」と同じ処分量定に統一する。等

（資料出所：国土交通省報道発表資料「自動車運転事業者に対する行政処分等の基準を改正します」平30.3）

　運輸支局の監査後は、法違反が認められ行政処分に至るまでに、運輸支局より「弁明書」が必ず送付されてきます。

　行政処分を受ける前に必ず弁明書提出の機会を設けられるので、必ず行政対応することが重要です。

　その予定の行政処分、たとえば車両停止○日などですが、弁明書対応については諦めることなく、事業所の法違反に対する対策、事業所としてのこれからの方向性などをでき得る限り記載して頂きたいと思います。結果が変わるかどうかはわかりませんが、そうすることで、早急に対応改善でき、事業所にとっても良い方向につながれば良いと考えます。

　実際には、こちらから指導アドバイスさせて頂き、相当頑張られた事業所はその後の事業所の努力で10日や20日間停止期間を短縮された事例もあります。また、弁明書作成書類は郵送するのではなく、今までの反省および今後の方針を省略せずに一生懸命訴える気持ちで作成し、事業主が直接持参手渡し、弁明することが望ましいと考えます。行政は、未

【弁明書の提出について】

近畿自監第　　　号
平成　年　月　日

株式会社
代表取締役　　　　・　　殿

近畿運輸局長

弁 明 書 の 提 出 に つ い て

　　貴社の経営する一般貨物自動車運送事業について、下記2のとおり貨物自動車運送事業法に遠反する事実がありましたので、貨物自動車運送事業法に基づく不利益処分を行う予定です。このため、これに対する弁明をしようとする場合には所定の期限までに弁明書を提出されるよう行政手続法第30条の規定に基づき通知します。

記

1. 予定される不利益処分の内容及び根拠となる法令の条項

　　貨物自動車運送事業法第33条に基づく事業用自動車の使用停止処分及び
　　貨物自動車運送事業法第23条に基づく輸送の安全確保命令

2. 不利益処分の原因となる事実

　　別紙のとおり

3. 弁明書の提出先及び運絡先

　　大阪府大阪市中央区大手前4丁目1－76　（〒540-8558）
　　近畿運輸局自動車監査指導部【監査担当】　（電話06-6949-6448）

4. 弁明書の提出期限

5. その他

　　弁明の際には、別添の記載例を参考に証拠書類を添付し提出期限までに提出して下さい。
　　また、弁明がない場合にも同様に弁明のない旨記載して送付して下さい。
　　この「弁明書の提出」にご不明な点がございましたら上記3. までご連絡下さい。

来に向かっての姿勢を見ているので、諦めずに届出は行うようにしましょう。

　結果はわかりませんが1日でも短縮となれば、その車両が有意義に使用でき、売上も上がり、トラック運転者も業務を行うことができます。何ごとも、諦めた時点で終わりとなります。

　車両停止は、運転者に対しては休業手当の支給等の対応になりますが、客先である荷主に対しては車両停止台数分、配車することができない状態となります。しかし、運送会社が車両を配車できない場合でも物流は止まることはないので、荷主にとっては、他の運送業者で配車せざるを得ない状況となってしまい、車両停止処分が解けた時点で運送会社に仕事が返ってくることは困難と考えられます。

　運送業での車両停止処分は、保有車両台数が少なくなればなる程、何よりも厳しい処分です。車両停止処分となれば、行政から指示されたトラックのプレートの封印を解き、停止処分の間、運輸支局にプレート返納となるので、その車両および担当ドライバーは業務することはできなくなります。ちなみに停止車両は、まずは行政から指定があり、この車両は長時間労働など監査・監督で指摘されたものが多く、それはメインとして今まで使用していた車両の場合が多く考えられます。

　また、2018 (平成30) 年7月より、改善基準告示違反や定期健康診断、社会保険等未加入等の行政処分が強化されました。この改正後の強化内容で車両停止となった場合は、停止台数が保有台数の5割に引き上げられたため停止期間は短くはなりますが、停止車両数が多くなるため、その期間の業務は半分とならざるを得なくなります。

6　厚生労働省のトラック運送業での監査等

　次に、厚生労働省ですが、労働基準監督署では、一般的にいう監査のことを監督といいます。監督が行われる3パターンを紹介します。

①　定期監督(対象事業所を選定)

②　労働者からの申告(賃金未払案件等)

③　労災災害の発生が多い。

【労働基準監督署による是正】

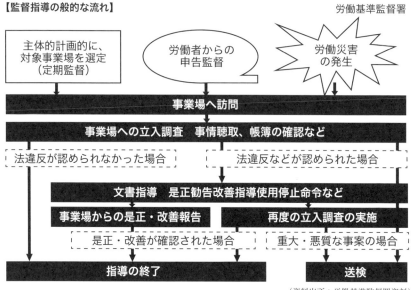

【監督指導の般的な流れ】

労働基準監督署

主体的計画的に、対象事業場を選定（定期監督）

労働者からの申告監督

労働災害の発生

事業場へ訪問

事業場への立入調査　事情聴取、帳簿の確認など

法違反が認められなかった場合

法違反などが認められた場合

文書指導　是正勧告改善指導使用停止命令など

事業場からの是正・改善報告

再度の立入調査の実施

是正・改善が確認された場合

重大・悪質な事案の場合

指導の終了

送検

(資料出所：労働基準監督署資料)

　①の定期監督は、一般的にその業種を特定され、その業種の事業所を主として監督が行われている場合があります。比較的に大きな事故が多発した場合などに運送業の監督が行われます。

　②の労働者からの申告は、労働者自ら労基署に行き、賃金未払いなどの申告を行うことです。その申告内容を確認するためなどで監督が行われ、訪問されることがあります。労働者自らの申告で賃金未払いの場合は、時効期限まで遡りますので、その時期までの賃金台帳などからの計算を事業者が行わなければならないことが発生します。

　③の労働災害が多く発生している事業所には、監督が行われる場合があります。小さな労災事故などが起こり、これを申告すると監督署が入りますかなどと問い合わせがあります。労災事故の場合で、申告されずに会社が負担金の全額を負担しているところを見かけましたが、その怪

我の後遺症などが残った場合は、そこまで会社で補償することが難しく、労災かくしと考えられますので、必ず労災申請するようにして下さい。

7　一般的に臨検等で要求される帳簿・書類

　臨検時は、さまざまな書類の点検が行われます。その際に必要と思われる書類等を、前もって確認しておきましょう。

①　会社組織図は、すぐに確認できる場所に保管しておきましょう。

②　労働者名簿は、従業員全員分、トラック運送業の運転者台帳を作成します。写真や雇入れ日及び運転者に選任された年月日、運転免許証の有効期限や健康診断の内容などを記入することにより従業員の健康状態の把握ができます。

③　就業規則は、会社のバイブルです。従業員がいつでも閲覧できるように、カウンターなどに吊っておきましょう。

④　雇用契約書(労働条件通知書)は、必ず作成が必要です。入社時に作成するのですが、すでに勤務している従業員全員ともに雇用契約書の作成をしておかなければなりません。

⑤　賃金台帳(賃金明細書)は、給与明細を従業員別や月別でまとめたものです。賃金台帳には、労働時間、時間外労働時間、深夜労働時間、休日労働時間などを明記しなければなりません。

⑥　タイムカード(出勤簿)は、始業終業時刻を確認するためのものです。タイムカードを使用していない場合は、始業時刻がわかる書類、たとえば点呼簿などから出勤簿を代用する方法などを考えましょう。

⑦　時間外・休日労働に関する協定届とは、いわゆる36協定です。原則１年に１度、時間外労働時間を記載して管轄の労働基準監督署に届出します。就業規則と共に閲覧できる状態にしておきます。

⑧　変形労働時間制など、当該企業で必要となる労使協定は、従業員が閲覧できる場所に保管しましょう。1年変形労働時間制の休日カレンダーも、周知できる場所に掲示しましょう。

⑨　変形労働時間のシフト表など、期日までに従業員に手渡しましょう。

⑩　有給休暇の取得状況の管理簿(有給休暇届)は、法定三帳簿(労働者名簿、賃金台帳、出勤簿)と同じように扱いましょう。

⑪　健康診断個人票は、内容を確認して再検査がある場合は、必ず受診させるようにしなければなりません。

⑫　総括安全衛生管理者・安全委員会・衛生委員会の設置・運営状況のわかる資料

⑬　産業医選任報告は、産業医を選任している場合の報告書です。

8　臨検の結果、法令違反が指摘されることが多い事案

臨検等が行われると、思いもよらず法違反が発覚する場合があります。どのような違反があるか、事前に行わなければならないことなどを紹介します。

①　労働時間(労働基準法第32条・第40条)

休憩時間を除いて1日8時間、1週間40時間の法定労働時間を超えて労働させてはいけません。しかしながら、36協定を締結し届出することで、免罰的効力を持つことができます。

②　就業規則(労働基準法第89条)

会社の決まりごとを書いたものであり、常時10人以上の労働者を使用する事業所では作成し、管轄労働基準監督署に届出をしなければなりません。内容を変更する度に届出が必要となります。就業規則には、必ず記載しなければならない事項がありますので、次のと

おり記載もれのないようにしなければなりません。

【就業規則への記載事項】

必ず記載しなければならない事項	定めをする場合は 記載しなければならない事項
① 労働時間に関する事項(始業・終業時刻、休憩、休日、休暇等) ② 賃金の決定・計算・支払いの方法、賃金の締切・支払いの時期、昇給に関する事項 ③ 退職に関する事項(解雇の事由を含む。)	① 退職手当に関する事項 ② 臨時の賃金(賞与)・最低賃金額に関する事項 ③ 食費・作業用品などの負担に関する事項 ④ 安全衛生に関する事項 ⑤ 職業訓練に関する事項 ⑥ 災害補償、業務外の傷病扶助に関する事項 ⑦ 表彰、制裁に関する事項 ⑧ その他全労働者に適用される事項

(資料出所：厚生労働省「労働基準関係法令のあらまし」)

③　割増賃金(労働基準法第37条)

　時間外(法定労働時間を超える時間)、深夜(22時から5時までの時間)に労働を行った場合は25％以上(2023(令和5)年4月より時間外労働が60時間を超える部分については50％以上)、法定休日に労働した場合は、35％以上の割増賃金を支払わなければなりません(改善基準告示見直しは、第9章を参照して下さい。)。

④　賃金支払い(労働基準法第24条)

　賃金は、通貨で全額を毎月1回以上一定期日に直接労働者に支払います。また、賃金より税金や社会保険料など法令で定められているもの以外は控除することはできません。ただし、賃金控除労使協定を締結することにより、事理明白なものに限り控除することはできます。

⑤ 労働条件の明示（労働基準法第15条）

　使用者は労働者を採用する際には、賃金、労働時間などの労働条件を書面などで明示する義務があります。

　明示事項については、次のとおりです。

【労働条件の明示事項】

書面の交付による明示事項	口頭の明示でもよい事項
① 労働契約の期間（有期雇用特別措置法による特例の対象者の場合、無期転換申込権が発生しない期間） ② 期間の定めのある労働契約を更新する場合の基準（更新の基準） ③ 就業の場所・従事する業務の内容 ④ 始業・終業の時刻、所定労働時間を超える労働の有無、休憩時間、休日、休暇、交替制勤務をさせる場合は就業時転換に関する事項 ⑤ 賃金の決定・計算・支払いの方法、賃金の締切り・支払いの時期に関する事項 ⑥ 退職に関する事項（解雇の事由を含む。）	① 昇給に関する事項 ② 退職手当の定めが適用される労働者の範囲、退職手当の決定、計算・支払いの方法、支払いの時期に関する事項 ③ 臨時に支払われる賃金、賞与などに関する事項 ④ 労働者に負担させる食費・作業用品その他に関する事項 ⑤ 安全衛生に関する事項 ⑥ 職業訓練に関する事項 ⑦ 災害補償、業務外の傷病扶助に関する事項 ⑧ 表彰、制裁に関する事項 ⑨ 休職に関する事項

（資料出所：厚生労働省「労働基準関係法令のあらまし」）

⑥ 賃金台帳（労働基準法第108条）

　賃金台帳には、労働時間、時間外労働時間、休憩時間、休日の時間を記載することが必要となります。記載がなく、労働基準法108条違反で是正勧告となっている会社が多くありました。

⑦ 労働者名簿（労働基準法第107条）

　トラックドライバーの場合は、運転者台帳での管理をお薦めします。ドライバーだけではなく、事務職員に関しても運転者台帳の使用を行ってはいかがでしょうか。

⑧ 休日（労働基準法第35条）

法定休日を指します。ドライバーの場合は、2週間で1日の休日を必ず取らなければなりません。

⑨ 健康診断（労働安全衛生法第66条）

原則1年に1回、長距離輸送などの深夜業務に携わっているドライバーなどは6カ月ごとに1回の健康診断が必要となります。受診することを拒否するドライバーがいますが、会社で健康診断の予約をした上で業務中に受診するための時間を空けて、受診して頂く方法もあります。

⑩ 最低賃金（最低賃金法第4条）

最低賃金割れを起こさないように注意が必要です。固定残業を支払っているため残業代の未払いがないと思っていても、最低賃金割れで未払いとなる場合があります。

⑪ 休憩（労働基準法第34条）

繁忙期には、なかなか休憩が取れない場合があると言われますが、取れないのではなく、取れるような配車が必要となります。1日6時間までの労働時間では休憩をとらなくても良いですが、6時間を超え8時間までの労働時間では45分の休憩が必要となり、8時間を超えると1時間以上の休憩を取らなければなりません。

【運転日報等、ドライバーの提出書類の置き場所にも注意】

ドライバーからの提出書類等の運転日報など重要書類は、必ず、カウンターの中などに提出場所を決めて下さい。安易にカウンター上に置くと紛失する場合も考えられます。プライバシー保護のため提出場所を事務デスクの引出し等に決めてはいかがでしょうか。

1 運送業の正しい時間管理

　自動車運転者については時間外労働上限規制が行われ、猶予措置後の取扱いは企業規模に関係なく適用され、上限である年960時間には、休日労働は含まれず、1カ月の上限等の規制は受けません。つまり、改正前の時間外労働と休日労働の合計について、単月100時間未満および複数月2～6カ月の平均80時間以内や、時間外労働が45時間を超えることができるのは年6回までとする規制は適用されないのです。この法改正により36協定の書式も変更になることでしょう(改善基準告示見直しは、第9章を参照して下さい。)。

　また、運送会社の36協定について、「2週」の残業時間上限の記入を指導されています。この根拠条文として、「自動車運転者の労働時間等の改善のための基準」(平成元年労働省告示第7号。以下「改善基準告示」という。)の第4条第4項に、「自動車運転者に係る一定期間についての延長期間について協定するに当たっては、当該一定期間は2週間及び1箇月以上3箇月以内の一定の期間とするものとする。」と明記されているからです。

　運送業の場合、長時間労働と言われますが、拘束時間は労働時間ではなく、労働時間に休憩時間を加えたものなので、このようなことも踏まえて正しい時間管理をしましょう。

(1) 自動車運転者の独自の労働時間の正しいカウント方法

トラック運送事業の時間管理について述べることとします。

運輸業の時間管理についての告示は、以下のとおりです。

① 改善基準告示は、自動車運転者の労働時間等の改善のための基準です。就業規則や36協定は、トラック運転手のみの時間規定を適用します。

　36協定の上限時間の違いや自動車運転者の一日の始まりは始業時刻からになるので、拘束時間の計算の違いに注意しなければなりません。就業規則にも、改善基準告示内容の記載が必要となるでしょう。

② 就業規則・36協定は、トラック運転者以外の運行管理者や事務職員などは、労働基準法第36条により原則1カ月について45時間(年6回まで)および1年について360時間(特別条項の場合、1年720時間、2から6カ月平均80時間(休日労働含む。)、月100時間未満(休日労働含む。))の時間規定を適用します。

【時間外労働の上限規制】

	一般(ポイント)	自動車運転者の業務
施行	大企業　　2019年4月1日より 中小企業 2020年4月1日より	**2024年4月1日よりスタート**
内容	◇時間外労働＋休日労働の合計 　＝単月100時間未満	ー
	◇時間外労働＋休日労働の合計 　＝複数月(2～6か月)平均80時間以内	ー　　1か月 **目安：80時間**
	◇時間外労働が年平均720時間以内	**◇時間外労働が年960時間以内**
	◇時間外労働が月45時間を超えることができるのは、年6回が限度	ー

(資料出所：厚生労働省岐阜労働局)

　自動車運転者の労働時間は、労働基準法はもとより、改善基準告

示労働省告示7号を遵守しなければなりません。改善基準告示は、自動車運転者に対する労働時間などの告示ではありますが、違反すると法律と同じように是正されます。

【改善基準告示の概要】

拘束時間 （始業から終業までの時間）	・1日 原則13時間以内 最大16時間以内（15時間超えは1週間2回以内） ・1カ月 293時間以内
休息期間 （勤務と次の勤務の間の自由な時間）	・継続8時間以上
運転時間	・2日平均で、1日あたり9時間以内 ・2週間平均で、1週間あたり44時間以内
連続運転時間	・4時間以内

【労働時間 ＝ 運転時間（運行記録計の針が動いている時間）
＋ 作業、待機時間】

① 　１日は24時間

　　１日24時間＝拘束時間(最長16時間以内)＋休息期間(８時間以上)

0 時　　　　拘束時間　　　　　12時　　　　　　休息期間　　　　24時

② 　拘束時間とは

　　拘束時間＝労働時間＋休憩時間(８時間超の労働時間の場合は１時間以上)

　　始業時刻　　　　　　拘束時間　　　　　　　終業時刻

　　改善基準告示での拘束時間は、１カ月は293時間以内(労使協定締結の場合は１年のうち６カ月までは１年間の拘束時間が3,516時間(293時間×12カ月)を超えない範囲内において１カ月320時間)、１カ月平均13時間と決められており、最長でも１日16時間以内とされています(改善基準告示見直しは、第９章を参照して下さい。)。

　　拘束時間は、始業から終業までの時間ではありますが、その始業時刻や終業時刻の定義を事業所で決めておくことが必要です。トラック運転者の時間は、始業時刻より24時間とカウントされるため、荷下ろし場所や時間によって出勤時間が変わってきます。点呼簿に記入した始業点呼時刻を始業時刻にしているところが多く見受けられます。タイムカードを使用されているところもありますが、その場合は、タイムカードの打刻からすぐに点呼を行うようにしましょう。よく拘束時間は労働時間であると勘違いされていることがありますが労働時間ではなく、休憩時間も拘束時間に含められます。

　　また、ダブルカウントという考え方があり、１日目の始業時刻か

ら始まる24時間以内に 2 日目の拘束時間が重なる時間帯がある場合
は、その時間が 1 日目および 2 日目の両日の拘束時間となります。

【ダブルカウント】

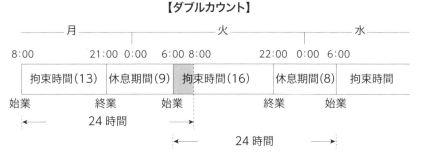

(資料出所：厚生労働省労働基準局「トラック運転者の労働時間等の改善基準のポイント」)

　月曜日は、始業時刻の 8 時から火曜日の 8 時までの24時間が 1 日
となります。それに対して、火曜日は 6 時から水曜日の 6 時までが
1 日となりますが、月曜日と火曜日の 6 時から 8 時までの 2 時間が
重なることとなり、その 2 時間がダブルカウントとなります。

　月曜日の拘束時間は、 8 時から21時の13時間と火曜日の 6 時か
ら 8 時までの 2 時間がプラスされますので、合計15時間となります。
火曜日の拘束時間は、 6 時から22時までの16時間です。

　このダブルカウントは、 1 日ごとの拘束時間の計算にのみ使用し、
1 週間や 1 カ月などのカウントでは，実際の拘束時間で計算します。

③　休息期間とは

　休息期間は労働者が自由にできる終業から始業までの時間で、一
般労働者では休息時間といわれ、勤務間インターバルの時間です。
原則、継続 8 時間以上必要ですので、 8 時間に満たない場合は休

息期間とはならず休憩時間となります。その場合は、4時間以上の休息期間が取れれば分割の特例(一定期間(原則として2週間から4週間程度)における全勤務回数の2分の1の回数を限度として1回4時間以上で合計10時間必要)が利用できます。それは、1日24時間の中で分割休息を10時間取れれば、拘束時間から除かれます。その時間が1回4時間に満たない場合は休息期間ではなく休憩となり、拘束時間に加算されます(改善基準告示見直しは、第9章を参照して下さい。)。

④　運転時間とは

　　運転時間は労働時間であり賃金の支払いが必要となります。運行記録計がついている大きさの車両の場合は、デジタルタコメーター(運行記録計)やチャートの針が動いている時間です。

⑤　連続運転時間とは

　　特に、気をつけたい連続運転時間ですが、4時間ごとに30分以上の休憩をとらなければならない訳ではなく、連続運転を中断するという意味です。30分以上はハンドルから手を放す時間であり、デジタコの針が止まっている時間です。分割でとることも可能ですが、10分以上が必要となります(改善基準告示見直しは、第9章を参照して下さい。)。

　　しかしながら、2024(令和6)年4月からの見直しでは、この30分について休憩等であったものが、原則、休憩となる点には注意が必要です。

　　連続運転中断の30分を休憩した場合は、1日の休憩時間である1時間の中に含めることができ、1日の合計で1時間あればよいと解されます。

　　ちなみに、休憩時間については1日8時間を超える労働時間の場

合は、1時間以上の休憩が必要となります。

⑥　労働時間とは

　　労働時間は、賃金を支払わなければならない時間です。トラック運送業では、トラック運転中のデジタコなどの針が動いている時間と、荷待ち時間や作業時間などの時間などを指します。

　　労働時間には、法定労働時間と所定労働時間があります。法定労働時間は、法律で決められた1日8時間、週40時間ですが、この時間を超えて労働を行うと時間外労働の割増賃金を支払わなければなりません。

　　一方、所定労働時間は、会社で定められた時間で、法定労働時間の8時間やそれより短い7時間30分などと、定めている会社もあります。その場合は、法定労働時間までの7時間30分から8時間までの30分は法定内残業となり、残業代の支払いは必要となりますが、時間外労働の賃金割増の支払いは必要ありません。

　　たまに、1日の所定労働時間7時間30分勤務したのち、法定労働時間までの30分は休憩し、8時間を超えた時間から時間外労働を認めると就業規則などに明記されている場合がありますが、実際には、引き続き残業されているところが多いと考えられます。

　　また、ドライバーの休憩時間を10時から15分、15時から15分などと事実上休憩を取得することが困難な規定がありますが、実態をみて残業時間が決まりますので実態に沿った就業規則の作成が必要となります。

　　一般的に、所定労働時間と法定労働時間を同じ8時間としている会社が多く見受けられます。その場合は、8時間を超える時間外労働を行った場合に時間外労働賃金割増率で支払いを行うことになります。そうすると、月曜日から金曜日までの5日間で法定労働時間

の40時間となりますので、土曜日が出勤の場合は、土曜日の1時間目から時間外割増賃金が発生することになります。日給支払いなどで、土曜日の出勤にも、1日分の通常の賃金を支払い、8時間を超えたところから割増賃金の支払いをしているところをよく見かけます。その場合は、土曜日の度に、8時間の割増賃金分が未払いとなっています。その改善策としては、土曜日が出勤の場合、変形労働時間制などの採用で法定時間を各日に振り分けることにより、時間外割増を削減する方法もあります。

⑦　休憩とは

　休憩とは、労働者が自由にできる時間であり、労働時間ではないので賃金は発生しません。休憩については、デジタコ等の針が動いていません。一般的には、休憩時間は一斉に取らなければなりませんが、ドライバーの場合は、この一斉休憩の適用除外となっており、自由に取ることができます。つまり、1日8時間以上の労働時間がある場合は、継続して1時間以上の休憩にこだわる必要性はなく、1日の中での休憩時間が合計して1時間以上あればよいと解されます。

　この業界での永遠の課題として、手待ち時間と休憩時間との区別があいまいとなる場合がありますので、日々の管理で時間の内容を管理者とドライバーの間で確認し合うことが重要となります。

⑧　休日とは

　休日には、法定休日と所定休日があります。行政での休日というのは法定休日と考えて下さい。法定休日は、毎週少なくとも1日もしくは4週間を通じて4日以上の休日が必要であると、労働基準法第35条で定められています。この法定休日に労働をさせた場合は、休日労働の35％の割増となります。

　それに対して、所定休日は会社が定めた休日であり、1週間で土曜日、日曜日が休日の場合は、最初の休日の土曜日が所定休日の時間外労働の25%割増しとなり、1週間に、休みがなくすべて労働した場合の7日目の休日である日曜日が法定休日の35%割増しと考えられます。ただし、就業規則などで、日曜日が法定休日と明記されている場合は、その日が法定休日となります。出勤された日曜日の度に35%の割増となると考えて下さい。運送業での長距離輸送などの場合は、日曜日出発になる場合がありますので、就業規則の休日の記載方法に気をつけて下さい。

　運行管理者や事務職員などの一般労働者の1日は午前0時からの24時間をいいます。この1日中に勤務しない場合が休日と考えられています。

　しかし、ドライバーの場合は、1日が始業時刻より24時間としてカウントしますので、始業時刻が午後からになり24時間目が翌日にまたいでも1日とします。そのように考えると、ドライバーの休日は、日にちに関係なく休息期間（継続8時間以上）+24時間の連続した32時間となってはじめて休日となります。

【改善基準告示上、休日として取り扱われる時間】

	0：00	8：00		0：00	8：00
拘束	休息		24 時間		拘束

←── 改善基準告示上、休日
　　　として取り扱われる時間 ──→

（資料出所：厚生労働省労働基準局「トラック運転者の労働時間等の改善基準のポイント」）

　たとえば、休息期間を8時間とし翌日の継続した1日の24時間を合計すると、休日は継続した32時間以上が必要です（休息期間分割

41

の場合は30時間以上）。この時間に満たない場合は休日にはなりません（改善基準告示見直しは、第9章を参照して下さい。）。

　ちなみに、2018（平成30）年の国土交通省の行政処分強化では、トラック乗務時間の月の拘束時間は原則293時間で、休日労働は2週間につき1回までが法改正での重視事項となっています。この休日を与えないと行政処分となります。時間外労働や休日労働の場合に割増賃金を支払えば大丈夫と思われることがありますが、大丈夫ではありませんので、過重労働などにならないように休日を与えるようにしましょう（改善基準告示見直しは、第9章を参照して下さい。）。

⑵　運行管理者の労働時間

　運行管理者は、一般労働者として同じ扱いとなり、時間外労働上限時間は、月45時間、年360時間以内としなければなりませんので時間管理については注意して下さい。運行管理者の業務では始業終業時の点呼があり、特に長時間労働になりやすいため勤務に工夫が必要となります。そのため、36協定届出の際に同時に届出する特別条項の締結が不可欠です。長距離輸送などの深夜労働でのドライバー点呼が必要な場合は、法定労働時間の8時間をクリアするために点呼要員として運行管理者と点呼補助者との合計1日3人が必要となる計算となります。

　ひとつの方法として、定年後の嘱託社員が夜間点呼を行っている所も多く見かけます。以前にドライバーとして業務を行っていた方々は、その業務での内容を一番把握されており、デジタコ（運行記録計）を見ただけで、その内容が労働時間なのか、待機積込み時間などがわかる場合が多く見受けられますので、点呼の際での労働時間を明確にすることができます。嘱託社員などに点呼要員の業務を行ってもらう場合は、点呼補助者として研修を受けた上で、運行管理規程にも補助者として明記する

ことが必要となります。運行管理者が長時間にならないために、時差出勤をしているところもあります。

　運行管理者でありながら、運転業務をしている場合でも、その事業所に運行管理者として選任されている場合は、一般労働者と同じ時間外労働上限時間となります。自動車運転者としての上限を適用するのか、一般労働者の上限とするのかなどと質問を受けますが、主としている方の時間の上限を当てはめるようにしてください。特に気をつけなければいけないことは、その時と場合でどちらかの内容を決め会社の都合で度々変更することです。運行管理者は長時間労働になりやすいので、特に時間管理を厳粛に行うようにしたいものです。

【労働時間などにおける一般労働者とトラック運転者の違いについて】

	一般労働者	トラック運転者
労働時間等の大きな違い	労働基準法の時間遵守	労働基準法＋改善基準告示＝時間遵守
	一日の始まり0時から24時間	始業時刻より24時間
	時間＝賃金	時間≒賃金
始業時刻	出勤タイムカード	主として点呼が多い

　自動車運転者と一般労働者との大きな違いは、一般労働者の場合の始業時刻は0時から24時までを一日としてカウントすることに対して、この改善基準告示の自動車運転者の労働時間のカウントは、始業時刻より24時間を1日とカウントすることです。そのため、原則、始業前残業という考え方はありません。

　しかしながら、このカウント方法は自動車運転者にのみ適用されますので、運送業であっても、自動車運転者以外は、一般労働者と同じと考えなければなりません。

　トラック運転者の1日の労働時間は、荷積み場所や荷卸場所や荷主からの指定時間により、日々その時間が変わってきます。そこで、一つの

方法として、その定義を決めることも必要と思われます。

たとえば、

始業時刻　＝　始業点呼の時刻

終業時刻　＝　終業点呼の時刻

ただし、始業時刻を運行記録計（デジタコ等）の始まりの時刻とする場合は、乗車前の始業点呼からデジタコまでの時刻がカウントされないので、その時間を加えることが必要となります。その状況などを勘案しながら決定しましょう。

しかし、就業規則などで、始業時刻終業時刻を指定している場合は、注意が必要となります。その場合には、「業務の都合により時間が変更することがある。」と必ず記載しましょう。その文言がなければ、就業規則などで書かれている時刻以前は始業前残業とみなされ、必要でない賃金が発生する場合があります。ちなみに、就業規則に改善基準告示の内容の記載も必要と思われます。

そして、トラック運送業では、乗車前後の点呼が重要となり、しっかりと点呼を行うことにより事故を防ぐことができます。始業点呼によりドライバーの健康状態の確認をし、終業点呼でその日1日の業務内容や労働時間の確認をします。

点呼の内容につきましては、第4章「1　始業終業点呼の重要性」（63ページ）を参考にして下さい。

⑶　時間外労働時間60時間超えの割増賃金率

2023（令和5）年4月より、中小企業も時間外労働時間60時間超えの割増賃金率が50％となりました。60時間超え割増賃金率の50％については大企業はすでに実施されており、中小企業については2023（令和5）年度まで猶予措置とされてきました。割増賃金率を実際に数字に当てはめて

みますと、時間給2,000円だった金額が、改正後は割増率50％となり、3,000円と金額が跳ね上がります。

　理解しやすいためにこの数字を用いましたが、実際には、時間給2,000円を支給している中小運送事業者は少ないように思えます。支払いたくても払えない現状があり、最低賃金に所定労働時間を乗じた額を基本給とし、あとは乗務手当などを用いて給与総額のかさ上げをしているところもよく見かけます。そのような賃金支払いをしているところは、毎年最低賃金（労働基準法第28条）が上がっている場合は、それを昇給としている事業者も珍しくはありません。

⑷　長距離輸送の時間管理について

　長距離輸送とは、一般的に、１日目の当日に積込みをして荷卸し場所に向かい、長距離運転を行い、２日目の翌朝に荷卸しをする方法などです。

　たとえば、大阪から関東に長距離輸送する場合は、１日目、大阪で関東行の荷物を積み込み、２日目朝、関東の卸場所に到着後、荷卸しを行います。２日目の午後から大阪行きの荷を関東付近で荷積し、翌３日目の朝に大阪で荷卸しを行います。長距離の輸送のみの場合は、この繰り返しとなりますが、改善基準告示の拘束時間を考えると、その１日の24時間の中で継続８時間の休息期間の取得が必要となります。

　この場合で、大阪が事業所の場合は、隔日ごとに事業所での対面点呼ができるため、運行指示書は必要ありませんが、大阪から東京に上り、翌朝東京から新潟など大阪以外の対面点呼ができない場所に荷卸しをする場合などは、運行指示書が必要となります。１日の内の始業・終業のどちらかで対面点呼ができなければ、運行指示書が必要となるわけです。

　また、2003（平成15）年９月の法改正により、大型トラックにはスピードリミッター装着が義務づけられ、アクセルを踏んでも90キロ以上の速

度が出せなくなりました。長距離輸送の場合は、到着場所までの走行距離がわかれば、おおよその時間が算出できます。

　自動車運転者の時間外労働の上限規制までは、改善基準告示の拘束時間より上限時間を算出していますが、実際は長距離輸送の労働時間などの場合は、その上限時間を遵守することは難しく、客先である荷主の大いなる協力と事業者自身の工夫が必要となります。労働基準監督署で使用されている指導書籍にも「一人乗務で片道高速15時間を超える長距離の往復輸送は、１週に１回しか行わせることはできない。」と断言しています。

地場輸送
朝出勤して夕方帰宅可

長距離輸送等
1日目に積積込み2日目朝に荷卸し
当日は帰宅できない

①　長距離輸送についての労働時間の具体的なカウント方法

　　自動車運転者の労働時間の基本は、その始業時刻より24時間以内に労働時間、休憩時間、休息期間のカウントを行わなければなりません。

　　長距離輸送の場合でも始業時刻から24時間が１日であり、拘束時間(労働時間＋休憩時間)と休息期間(継続８時間以上)が24時間以内で行われるようにしなければなりません。その始業時刻に関しても日々変わるので、始業時刻から終業時刻までの時間を１日とするな

どと基準を決めてのカウントが必要となります。

　ただし、日をまたぐ場合でも、始業時刻より24時間で時間カウントすることには変わりはありません。毎日、始業時刻が変わるので、1日のカウント時間は前後し変わります。

　長距離の場合、1日目と2日目のどこで切れるのかなどとの質問がよくあります。最初の24時間のカウント後は、次の始業時刻からの24時間となります。始業時刻が前日の24時間以内である場合は、その時点からのカウントとして下さい。その場合は、ダブルカウントに注意が必要となります。

　ダブルカウントについては、第3章「1　運送業の正しい時間管理」の(1)の「②　拘束時間とは」(36ページ)を参照して下さい。

　休息期間は、原則1日継続8時間以上必要となります。長距離輸送の場合の休息期間は、要件はあるものの休息期間の分割の特例を利用し、4時間以上で合計10時間以上を1日24時間の中に含めなければなりません。その場合の休息期間は1日の拘束時間から控除することができます(改善基準告示見直しは、第9章を参照して下さい。)。

　また、改善基準告示での休息期間は、勤務と次の勤務の間の時間で、睡眠時間を含む労働者の生活時間として、全く自由な時間であり、改善基準における休息期間の役割は、勤務と勤務とを区分するところにも意味があります。

　しかしながら、自動車運転者における休息期間は、仮眠できる時間とも考えられます。すなわち、自動車運転者は、夜間労働等に従事し、目的地等において相当な時間勤務から解放される時間のある場合など、特定の施設など、たとえば食堂等で仮眠所を持つものと契約を結ぶことも差し支えないと考えられています。

　よくトラック運送業の皆様にお伝えするのですが、休憩や休息できる場所の地図などを、常時トラックに積んでおくことも、一つの方法と考えられます。特に、長時間労働となる長距離輸送の場合は、ドライバーの負担が軽くなるような配車を行って頂きたいものです。

　実際に走行した例に従って、時間カウントをしてみます。

【労働時間の例】

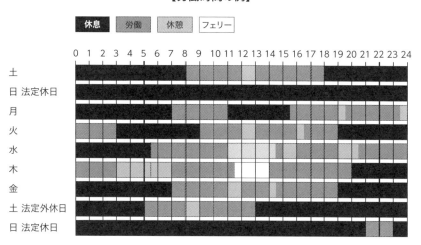

　たとえば、起算日が月曜日で所定労働時間が8時間の会社で、上図のような1週間の走行があったとします。

　月曜日の始業時間が7時ですので、終業時刻が火曜日の3時とすると拘束時間は20時間と考えられます。しかしながら、休息時間の分割が取れていないため、実際には24時間拘束と解される場合もあります。

　労働時間については、拘束時間から11時から15時30分の休息4時間30分、19時と23時30分からの休憩30分の計1時間、合計5時間30分を減じると14時間30分の労働時間が残ります。そ

こから法定労働時間（所定労働時間）8時間を減じた6時間30分が時間外労働時間となります。

　火曜日については、始業時刻の9時から水曜日の9時までが1日ですが、継続10時間30分の休息期間があるため、拘束時間は9時から19時までの10時間であり、その中で休憩時間を1時間30分取れているため、労働時間は8時間30分となり法定労働時間の8時間を減じると時間外労働時間は30分となります。

　水曜日の始業時刻は5時30分で終業時刻を木曜日の3時とすると、その時間21時間30分すべてが拘束時間となり、6時間の休憩を減じると15時間30分が労働時間となり、8時間を差し引くと7時間30分の時間外労働時間が残ります。

　木曜日は、始業時刻が7時で終業時刻が20時と考えると13時間の拘束になりますが、あいだにフェリー乗船時間の2時間30分があり、そのすべてが休息期間となるので、13時間から減じると拘束時間及び労働時間は10時間30分となります。そこから8時間の法定労働時間を減じると2時間30分が時間外労働時間となります。

　金曜日は、始業時刻が7時で終業時刻が19時とすると、12時間が拘束時間となり、休憩時間の1時間30分を減じると10時間30分が労働時間です。

　土曜日は、週40時間超えとなるので、5時から13時の拘束時間から休憩1時間を減じた7時間が労働時間となります。

　日曜日に関しては、1週間に1日の休日が取れていないので、法定休日となり、2時間分の休日割増が必要となります。ちなみに、法定休日でも深夜割増が必要ですので、22時から23時の1時間の深夜割増が発生します。

　　改善基準告示の内容では、時間のカウントなど明記されていない部分があり、それに関する質問をたくさんお受けいたします。また、明記されていない部分については、さまざまな考え方があるため、告示に沿った会社の基準で業務を進められてはいかがでしょうか。

　　ここで、基準の作成に役立つと考えられる方法をお伝えします。

① 　始業時刻から24時間でカウントする。

② 　拘束時間は労働時間と休憩時間を足したものである。

③ 　ダブルカウントは、1日ごとの拘束時間のみであり、1カ月、1年は実拘束時間で計算する。

④ 　休息期間は、継続8時間もしくは分割での時間が必要で、それに満たない場合は、休憩時間となり拘束時間に含まれる(改善基準告示見直しは、第9章を参照して下さい。)。

⑤ 　起算日からカウントし、時間外割増、深夜割増、休日労働は、別に考える。

　　・時間外割増時間は、1日8時間(毎日)、1週40時間を超える時間を計算し、1カ月ごとに割増率を乗ずる。

　　・深夜割増は、1カ月ごとの22時から翌朝5時までの時間数を合計し、割増率を乗ずる。

　　・起算日より1週間、1日の休日もない場合は、最終日が法定休日となり、その日の労働時間数に休日労働の割増率を乗ずる。

　そこで、長距離輸送を行う際に特に気をつけなければならない点は、1運行で144時間以内という制限があることです。1運行とは、所属営業所から出発しその所属営業所に戻ってくる運行のことを指します。その根拠は24時間×6日＝144時間となり、6日間のうちに戻ってこなければいけません。所属営業所を出発し、6日間中に

　32時間の休日がある場合も、144時間に含まれますので注意が必要
となります。しかし、例外もあります。フェリーの乗船時間は除外
されており、144時間の中に含めなくても良いのです。この144時間は、
「貨物自動車運送事業の事業用自動車の運転者の勤務時間及び乗務
時間に係る基準」（平成13年国土交通省告示第1365号）で定められて
おり運輸支局が管轄しています。

【拘束時間】

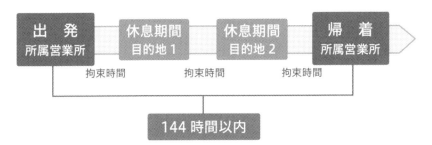

(資料出所：平成30年度厚生労働省委託事業　株式会社日通総合研究所「トラック運転者の労働時間等の改善のための基準～応用編～」)

2　自動車運転者の時間管理による賃金支払いについて

　労働時間には、法律で定められた法定労働時間（1日8時間、週40時間）
と所定労働時間があります。その中で、時間外労働の割増が必要となる
のは法定労働時間を超える部分であり、所定労働時間が法定労働時間よ
り短い場合は、その時間の時間外労働の割増は発生しませんが、残業代
の支払いは必要となります。これを法定内残業といいます。
　たとえば、所定労働時間が7時間30分の場合では、7時間30分から8
時間までの30分は、法定内残業となります。その30分の残業代が支払わ

れていない場合や30分の休憩をしてから残業を行うような就業規則があ
りますが、実態に沿っての時間管理が必要です。反対に時間外割増を支
払われている会社もあります。

時間給　1,000円　時間外労働割増率　25%

所定労働時間　7時間30分

■1日の労働時間が8時間の場合

1,000円　×　7.5H		7,500円
1,000円　×　0.5H		500円（法定内残業）
	合計	8,000円

■1日の労働時間が8.5時間の場合

1,000円　×　7.5H			7,500円
1,000円　×　0.5H			500円（法定内残業）
1,000円　×　0.5H　×	125%		625円（時間外労働割増）
		合計	8,625円

(1)　歩合給の採用による時間外労働時間短縮

　会社の労働者である事業用自動車のドライバーを、給料制ではなく下
請業者のような請負として賃金の支払いを行うことはできません。働き
方として、会社の労働者として給料制、もしくは、出来高払制（歩合制）
で雇用するか、雇用契約を終了し、ドライバー自身が営業ナンバーを取
得し事業主となるかのどちらかとなります。また、事業主は、出来高払
制（歩合制）で労働者を使用する場合は、労働時間に応じて一定の賃金の
保障が必要となります。ドライバーのモチベーションアップのための歩
合制の導入も一つの方法です。

　労働時間が長くなるとその分、時間外労働に対する残業代が発生し
ますが、歩合給の場合も時間外割増が必要となります。しかし、その計

算方法は基本給に対するものと相違があります。歩合給は、ドライバーが頑張った分が歩合給として反映されます。しかし、歩合給といっても時間管理は必要であり、時間外労働の残業代の支払いも必要となります。ドライバーにとってのモチベーションアップにもなり、事業者にとっても残業単価が低く抑えることができます。

　また、ドライバーが合理的な時間短縮になる走り方を考えれば、早く帰庫することができます。一概には言えませんが、一つの方法として、ベテランのドライバーから作業等の方法を教えて頂くのも良いかと思います。荷物の積込みの段取り、荷卸し場所に行く道路状況、時間帯による道路の込み具合、現場担当者とのコミュニケーションなど、結構に早く作業を行うことについて役に立ちます。

　賃金体系を変更し、新たな賃金体系の導入する場合には従業員個々の同意が必要となり、改めて雇用契約が必要となります。また、就業規則の変更(労働基準法第89条第2号)も必要となり、就業規則の変更手続には、過半数労働代表者の意見を聴かなければなりません。就業規則のルールである賃金規程に定める内容を検討したうえで、新制度導入の目的や効果、検討し作成したルール、従業員に生じる影響などを詳細に説明し、従業員の理解を得ることが先決です。

　また、導入後の労働条件について、各従業員に同意を得た上で、改めて労働契約を締結しましょう。どのような場合でも、従業員の納得が得られるようなルールづくりが必要となります。

　歩合給設定の方法ですが、まずは、売上歩合、距離歩合などと何に対する歩合なのかを決めます。たとえば売上歩合の場合は、車両の原価計算を行った上で、そのドライバーの1カ月の売上の平均値を計算し、歩合割合を算出します(歩合給の場合であっても、歩合給の時間外労働割増賃金が発生することに注意が必要です。)。

【歩合給の計算方法】

（所定労働時間 173 時間 / 月・残業時間 65 時間 / 月）

基本給（23 万円）＋無事故手当（2 万円）　　残業単価≒**1,445 円**
所定労働時間（173 時間）

残業代　　1,445 円 ×65 時間 ×1.25≒117,406 円
　　　　　1,445 円 × 5 時間 ×0.25≒　1,806 円
合計　　　　　　　　　　　　 ＝119,213 円

歩合給（25 万円）　　　　　　残業単価≒**1,050 円**
所定労働時間（173 時間）＋65 時間

残業代　　1,050 円 ×65 時間 ×0.25≒17,063 円
　　　　　1,050 円 × 5 時間 ×0.25≒ 1,312 円
合計　　　　　　　　　　　　 ＝18,375 円

※2023（令和5）年4月より時間外労働の60時間超え賃金割増率が引上げになりました。60
時間までは25%以上の割増ですが、60時間を超える部分についてはさらに25%以上の
割増しとなります。

　歩合給以外の一般的な残業単価の算出方法は、基本給＋無事故手当などの諸手当を所定労働時間で割り、それに対して1.25を乗じます。それが、いわゆる残業単価です。

　上記の場合は、基本給＋無事故手当が25万円とすると、その25万円を所定労働時間の173時間で割ります。それに時間外労働割増率である1.25を乗じて残業単価を出し、その数字に残業時間を乗じると、1カ月の残業代が算出できます。

　それに対して、歩合給の場合は歩合給25万円を総労働時間（所定労働時間173時間＋残業時間65時間）で割り、残業単価とします。それに残業時間と時間外割増率0.25を乗じて1カ月の残業代を算出します。

　その基本給に乗じる時間外労働割増率1.25と歩合給の時間外労働割増率0.25であるので、数字により、その差を実感して下さい。

　歩合給の採用は、ドライバー自身にとっても、売上など成果の歩合などによって賃金が計算されるため、早くに帰庫することができます。それにより、労働時間短縮となり、事業者にとっても時間外労働の基礎になる基本給や手当などから算出する残業単価と、歩合給の残業単価では大きな違いがありますので、歩合給の採用により業務の効率化が望めます。

　また、事業所の地域ごとの子会社を統合しても、都道府県ごとに最低賃金が定められており、その額を下回ると労働基準監督署より是正となります。そして、その地域での物価水準は違うので、地域ごとで賃金を設定し、話し合いの上労働条件を明示し、雇用契約書にて契約を交わすことが必要となります。

　運賃値上げについては、運賃が賃金となりますので、客先（荷主）がコンプライアンス重視で、運送会社をパートナーとして協力しながら、売上を上げているところでしたら運送会社も頑張れると思います。

　国土交通省では、働き方改革の一環で、運送業の運賃を上げるために国が調査した標準的な運賃を提示していますが、実際には一般的な金額との大幅な乖離があることも理解できます。その届出金額に近づけるよう活用し運賃値上げにつなげてほしいと強く思います。2023（令和5）年度に改正があった時間外労働60時間超え50％割増しや、軽油の高騰による経費の増額は大変厳しいものとなっています。だからこそ、運賃値上げ交渉は、今、しなければならないと考えます。

　国土交通省に標準的な運賃を届出し、社内で各車両の原価計算を行います。その届出した印のある届出と、原価計算した書類を値上げ申請する荷主のところに訪問する際に持参し、根拠内容を説明の上、値上げを願い出ることとなります。

(2) 変形労働時間制の採用やシフトの組み方(1年単位の変形労働時間制の採用)

36協定締結と共に1年単位の変形労働時間制の採用により、労働時間短縮ができる方法もあります。36協定のみの場合は、1日8時間、週40時間を超える労働時間に対しては時間外労働割増支払いが必要となります。

たとえば、所定労働時間を1日8時間とした場合は、1週5日(月～金)×8時間で法定労働時間の40時間を使ってしまいますので、土曜日が出勤となった場合は、土曜日の1時間目から時間外労働割増支払いが必要となります。

1年単位の変形労働時間制を採用した場合、1年間の総労働時間のカレンダーを作成します。1日あたりの時間を年間で指定し、そのカレンダーより多くの労働をした時間の分だけ時間外労働割増を支払えば良いということになります。つまり、そのカレンダー通りの労働時間であれば1時間の残業代も発生しないという考え方です。

また、所定労働時間を8時間より短い時間にする場合があります。それはなぜかと言いますと、1年単位の変形労働時間制を採用すると、所定労働時間に対して年間休日日数が決まってしまうためです。たとえば、所定労働時間が8時間であれば、年間休日日数は105日以上にしなければなりません。しかし、所定労働時間を7時間30分とした場合は、月曜日から金曜日までの所定労働時間は、7時間30分×5日で37時間30分となり、土曜日に法定労働時間週40時間までの2時間30分を勤務できることとなります。つまり、土曜日が出勤日となりますので、年間休日日数が87日以上となり、出勤できる日数が増えることとなります。

その場合、7時間30分を超える労働に関しては残業代が発生します。その8時間までの30分については残業代が毎日発生しますが、割増は必

要となりません。

　ドライバーは、休憩の一斉付与の適用除外のため時間を指定するのではなく、何時から何時の間に何分取得するなどと、休憩時間を取得するための時間幅などの工夫が必要です。その実態と規定の齟齬がないようにしなければなりません。

【1年単位の変形労働時間制】

1年単位の
変形労働時間制

厚生労働省・都道府県労働局・労働基準監督署

　1年単位の変形労働時間制は、休日の増加による労働者のゆとりの創造、時間外・休日労働の減少による総労働時間の短縮を実現するため、1箇月を超え1年以内の期間を平均して1週間当たりの労働時間が40時間を超えないことを条件として、業務の繁閑に応じ労働時間を配分することを認める制度です。
　この制度の要件は、次のとおりです。

1 労使協定の締結

　次の事項すべてを、各事項に関する説明に適合するよう、労使協定において定めてください。

① 対象労働者の範囲
　法令上、対象労働者の範囲について制限はありませんが、その範囲は明確に定める必要があります。
　労働した期間が②の対象期間より短い労働者については、割増賃金の支払を要する場合があります（3頁の5を御覧ください。）。

② 対象期間及び起算日
　対象期間は、1箇月を超え1年以内の期間に限ります。
　対象期間を具体的な期日でなく期間で定める場合に限り、当該期間の起算日も必要です。

③ 特定期間
　②の対象期間中の特に業務の繁忙な期間を特定期間として定めることができますが、この特定期間は、連続して労働させる日数の限度に関係があります（2頁の2(3)を御覧ください。）。
　なお、対象期間の相当部分を特定期間とすることは法の趣旨に反します。

④ 労働日及び労働日ごとの労働時間
　労働日及び労働日ごとの労働時間は、②の対象期間を平均し1週間当たりの労働時間が40時間を超えないよう、また、2頁の2に示す限度に適合するよう設定しなければなりません。
　また、特定した労働日又は労働日ごとの労働時間を任意に変更することはできません。
　なお、労働日及び労働日ごとの労働時間は、②の対象期間中のすべての労働日及び労働日ごとの労働時間をあらかじめ労使協定で定める方法のほか、対象期間を区切って定める方法があります（3頁の3を御覧ください。）。

⑤ 労使協定の有効期間
　労使協定そのものの有効期間は②の対象期間より長い期間とする必要がありますが、1年単位の変形労働時間制を適切に運用するためには対象期間と同じ1年程度とすることが望ましいものです。

（資料出所：厚生労働省・都道府県労働局・労働基準監督署「1年単位の変形労働時間制」）

3　ドライバーの時間外労働削減のための方策と進め方

3　ドライバーの時間外労働削減のための方策と進め方

⑴　手待ち時間の解消のための時間外労働短縮法等

　労働時間の中で休憩時間の管理が難しいと聞きますが、自身で記録してもらう方法のデジタコ等のボタン押しで休憩、待機時間を確認します。しかし、休憩にすると賃金が発生しないので、すべてを待機と押すドライバーがいます。

　そのような場合は、終業点呼の際にドライバー本人に直接確認し、その場でドライバー自身が納得した上でデジタコの変更を行います。その場合の点呼を行う運行管理者は、それまでの経験等で休憩か待機かなどがわかる場合が多いです。待機などですが、その時に本当に必要であったのかを確認します。

　この業界では、手待ち時間と休憩時間との境目が理解しづらく、デジタコやチャート紙などで針の動きのない部分をどのように解釈すれば良いかなどは永遠の課題となっています。針が動いていない時間は、運転をしていないので運転時間とは解釈されません。しかし、その時間に荷積み荷卸しなど作業を行っている場合は、労働時間となります。けれども、その積卸しなどの作業をするまでの時間は、すべて、手待ち時間、待機時間となるのでしょうか。

　たとえば、積込み時間が午後2時と指定されていると考えましょう。そして、その工場に午前11時に空車入場した場合で、その工場の休憩時間が正午から午後1時までとします。あるドライバーは、午前11時から午後2時までデジタコの針が動いていないので、このすべての時間を待機時間としてデジタコのボタンを押します。この考え方は、退職ドライバーが賃金未払い請求する場合に、よく行うカウント方法です。

　しかし、どのように考えてもこの時間の正午から午後1時までは、工

59

場の休憩時間で作業を行うことができないので、休憩時間と考えられます。まずは、午前11時から正午までの1時間は、商品ができ上がっていない恐れがあり、午後2時指定なので休憩することができる時間と考えられます。すると、午後1時から午後2時までが問題となるのですが、ドライバーが積込み作業を行う前に車両のボティの上で準備をする時間が必要と考えられますので、積込み30分前は準備時間として労働時間にカウントするなどと、会社で基準を決めればいかがでしょうか。

車両の大きさ、積込み時間、積み込む商品などにより一概には言えませんが、荷待ち時間や待機時間・休憩時間などの解釈はさまざまですので、あいまいな部分をなくすために、始まりの時間や終わりの時間が決まっている場合は、社内基準を定めて、例外なくその通りの業務を行えば良いと考えます。

一方、積込み時間が午後1時指定で、積み込む段取りをしていても、荷物が上がってこない場合や、コンテナ輸送の場合など、同じ場所で休憩ができず、順番待ちで少しずつ移動がありデジタコの針が動いている場合は、手待ち時間や待機時間となりますので、注意が必要となります。

必ず終業点呼でアルコールチェックを行い、そのときに運行管理者がドライバーと一緒にデジタコを見て、ドライバーに納得をしてもらい話し合いをしながら内容の確認と変更をすれば、あとで時間内容のトラブルを防ぐことができます。

日々の積み重ねの点呼で、粛々とあきらめないでデジタコのチェックを行えば、驚くくらいの時間短縮ができます。会社の大きさには影響されません。日々の点呼を行って下さい。

また、会社の事業用自動車のドライバーとして採用し、全額出来高払制(歩合給)での支払いは可能です。

しかし、請負契約することはできません。従業員の雇用として、全額

出来高払い(歩合給)をすることは違法ではありませんが、最低保障や6割補償などの規定や休業手当や平均賃金などが必要になった際は注意が必要となります。契約については、請負ではなく雇用契約となり、労働保険料、社会保険料の加入は必要となります。一般貨物自動車運送業では、事業主はドライバーを選任する義務があります。

協力会社ではなく、営業ナンバー貸し持込み運転手の雇用はできません。労働契約で労働保険料・社会保険料を全額従業員負担とすることや、持込み運転手に対して請負で売上歩合としての支払いは違法であり、社会保険料の基本は労使折半であるため全額労働者が負担することも違法と考えられます。

労働者を雇用し、労働時間などの要件を満たすと、必ず労働保険社会保険の加入をしなければなりません。持込み運転手を請負とし、社会保険料等の負担分を全額持込み運転手が負担し、事故責任は労働者と書面で明記した場合であっても、それは当然に違法であり、人身事故が起これば死亡事故にもつながる可能性もあり、会社は責任を免れることはできないと考えられます。

また、配車業務の効率化として、配車センターの設置により、運行管理者の時間の有効的な利用ができるようになりました。IT点呼の活用により、各営業所で行う点呼が集約され、業務の合理化となりました。

業績向上の会社とそうでない会社の違いは、やはり、事務職員(運行管理者・立会作業員・構内作業員)とドライバーとの仲が良くコミュニケーションが取れていることです。事務所に伺うと、大きな声であいさつされ、明るい事業所が多いです。

第4章 労務管理における「2024年問題」とその対策

1　始業終業点呼の重要性

　ドライバーは、出勤してトラックに乗車する際と、車庫に帰った際に点呼およびアルコールチェックを行います。その点呼は運行管理者と運行管理補助者が原則対面で行いますが、1カ月のうち3分の1以上の日数は、運行管理者が行わなければなりません。つまり、運行管理者の代わりに点呼を行う運行管理補助者は3分の2未満しか行うことはできません。その点呼の際には、運行記録計を見ながらドライバーに待機時間と休憩時間との内容を確認することが重要な役割となります。

2　始業点呼の注意点／終業点呼の注意点

　点呼は、原則、運行管理者の仕事です。運送業にとって、始業点呼は特に重要で、ドライバーの健康状態を確認します。

■始業前点呼確認内容
- ・運転者の健康状態、疲労の度合、酒気帯びの有無、異常な感情の高ぶり、睡眠不足等について確認し、安全な運転ができる状態か否かの判断
- ・運転免許証、非常信号用具、業務上必要な帳票類等、携行品の確認
- ・日常点検の実施結果に基づき、整備管理者が自動車の運行の可否を

決定したことの確認

（※トラックに乗車する前には必ず運転者がトラックの日常点検簿の内容を確認しながら日常点検）

・服装を正しく着用しているかの確認

・休憩時間・場所、積載物、気象、道路状況等、運行の安全を確保するための注意事項の指示

・個々の運転者について、運行管理者（点呼執行人）より運転行動に現れやすい問題点についての注意

（健康診断で常備薬の服用や適性診断で気になる点があれば、状態を聞くのも一つの方法です。）

■終業点呼確認内容

・乗務後点呼における運行記録計や運転日報の内容確認

・車両、積載物の異常の有無

・工事箇所等道路状況に関する最新情報およびヒヤリ・ハット経験の有無等安全情報の確認

・酒気帯びの有無

・客先での注意点、気がついたこと、改善点など

・運転者に翌日の勤務を確認してもらう。

・終業点呼時に運転日報提出（運転日報）

終業点呼も、運行管理者の仕事です。当日の運行状況や、これからの改善点なども現場ならではのドライバー目線での意見を聞くことも合理化に繋がる方法の一つだと思います。

【 安全運転日報（デジタルタコグラフ）】

（資料出所：トラック事業者提供）

　点呼時刻を始業終業の時刻とした場合は、始業点呼、終業点呼により、正しい時間カウントができます。

拘束時間　＝　終業点呼　―　始業点呼

拘束時間　＝　労働時間　＋　休憩時間

24時間　＝　拘束時間　＋　休息期間

3　厚生労働省と国土交通省の罰則の違い

　労務管理における一般労働者とトラック運転者の罰則などの違いは、以下のとおりです。

**【厚生労働省と国土交通省の一般労働者と
トラック運転者の労務管理上の罰則の違い】**

	一般労働者	トラック運転者
名簿	労働者名簿	運転者台帳
賃金	年齢や経験	車種や距離によっての賃金表
罰則および行政処分	○年以下の懲役〔編注：刑法の改正により「懲役」は「拘禁刑」に変更となる予定〕または○円以下の罰金	事業停止○日、車両停止○日など

　トラック運送業では、厚生労働省の人に関する労働基準法と国土交通法の車両や道路などに関する道路交通法などを遵守しなければなりません。また、法違反となると労働基準法の罰則では、「1年以下の懲役〔編注：刑法の改正により「懲役」は「拘禁刑」に変更となる予定〕又は50万円以下の罰金（労基法第118条）」などとなりますが、国土交通省の行政処分は業務車両の停止や事業停止となります。車両が停止されると大手事業所では、別の営業所や業務に配属する方法や停止となっていない車両での乗車ができますが、中小企業での少人数の事業所では厳しい状況が続くことになります。

　また、厚生労働省の労働基準監督署と国土交通省の運輸支局の監査員が実際に監査されるポイントを記載します。

(1)　厚生労働省および国土交通省の監査ポイント
①　労働時間の長いドライバーや賃金の高いドライバーが監査されます。労働時間が長くなれば賃金が高くなり、長時間労働や拘束時間違反となる可能性が高いと考えられます。
　　→そのドライバーの日報や点呼簿の確認があります。
②　健康診断の１年ごとの実施、特に長距離輸送などの場合の夜間走行は６カ月ごとの実施で、合計年２回の実施確認があります。

(2)　国土交通省の監査ポイント
①　事業計画に沿った経営を行い、認可を受けている車庫で実際に使用しているかの確認があります。
②　運行管理者の点呼などは勿論ですが、整備管理者の勤務と車両点検を行い、１年ごとの車検や３カ月点検を行っているかの確認があります。
③　出発場所と到着場所がわかれば、おおよその走行距離や走行時間がわかりますので、その整合性の確認があります。
④　デジタコや運転日報などで、走行距離の相違があれば、その分の日報が紛失されていると考えられます。
⑤　年間計画の12項目や運転者の適性診断の受診や特別な指導の内容の確認を行います。
⑥　運行管理者、整備管理者が２年ごとの研修を受けているかの確認があります。

4 長距離輸送等の問題点の対策方法

⑴ 搬入後、積込みまでの待ち時間が長い(朝に配送して、当日、昼から積込みする)場合は、荷卸し時間を予約制などにして、荷卸し場所の荷主との協力を仰ぎます。

⑵ 駐車する場所がない場合(トラックターミナルなどが使用できない場合があるためトラックから離れることができない。)は、前もってトラックなどが休憩できる場所の地図などを作成することで解決となります。

⑶ その場合の休憩時間と待機時間(手待ち時間)との分け方について、荷主都合の手待ちは労働時間になりますが、荷卸し指定時間前に到着している場合、荷卸し時間前30分は作業時間でそれまでは休憩時間などと、社内基準を作成する方法もあります。

⑷ そのときの給与(手当)ですが、その荷卸し場所により違ってくるので、支給するのであれば手当作成の際に支払根拠を示さなければなりません。

⑸ 長距離手当を支給している場合は、長距離手当とは、どのような時に支給されるのかを明確にして、規程を作成して下さい。

⑹ 高速道路を使用するルートを指示しているにも関わらず、一般道を通った際の勤務時間の超過についても時間外労働手当は必要となります。また、運行指示書などで指定したルートを運行したにも関わらず、事業所の所定時間以上の労働時間となった場合であっても、時間外労働手当の支払いが必要となります。高速指定でそれに従わない場合は、終業点呼などで指導を行い、なぜ、そのようになったのかを本人と話し合い理解を得ましょう。また、会社より道路指定を行うことは違法ではなく、指定することにより合理化を図るよう

にしましょう。

⑺　フェリーに乗船する場合の特例では、トラック運転者の改善基準告示によりフェリー乗船時間は原則として、すべて休息期間として取り扱います。

⑻　休息期間は、原則、終業時刻から始業時刻までの間の自由な時間を言い、継続 8 時間以上必要となります。しかし、長距離輸送などで継続 8 時間以上取ることができない業務の場合は、改善基準の特例として要件はありますが、休息期間を 4 時間以上合計10時間以上で分割取得することができます(改善基準告示見直しは、第 9 章を参照して下さい。)。

5　人材育成

　運送業では、人材育成として一般的な指導および監督の指針としての12項目である「貨物自動車運送事業用自動車の運転者に対して行う指導及び監督の指針」(平成13年国土交通省告示1366号)による乗務員指導を行わなければなりません。

①　トラックを運転する場合の心構え

②　トラックの運行の安全を確保するために遵守すべき基本的事項

③　トラックの構造上の特性

④　貨物の正しい積載方法

⑤　過積載の危険性

⑥　危険物を運搬する場合に留意すべき事項

⑦　適切な運行の経路及び当該経路における道路及び交通の状況

⑧　危険の予測及び回避並びに緊急時における対応方法

⑨　運転者の運転適性に応じた安全運転

⑩ 交通事故に関わる運転者の生理的及び心理的要因及びこれらへの対処方法

⑪ 健康管理の重要性

⑫ 安全性の向上を図るための装置を備える事業用自動車の適切な運転方法

【貨物自動車運送事業者が運転者に対して行う指導及び監督の指針の改正概要】

第1章 一般的な指導及び監督の指針【改正事項】
○「一般的な指導及び監督の内容」

項目	改正後の追加内容
① 「トラックを運転する場合の心構え」	交通事故統計を活用し事故の影響の大きさを理解させる
② 「トラックの安全を確保するために遵守すべき基本的事項」	規定に基づく日常点検の実施及び適切な運転姿勢での運転の重要性を、それを怠ったことによる事故が発生した際に事業者及び運転者が受ける罰則、処分及び措置及び交通事故が加害者等に与える心理的影響を説明することにより確認させる
③ 「トラックの構造上の特性」	トレーラを運転する際に留意すべき事項及び貨物の特性を理解した運転を理解させる。トレーラにより、コンテナを運搬する事業者にあっては、コンテナロックの重要性を理解させる
④ 「貨物の正しい積載方法」	軸重違反を防止するための積載方法を理解させる
⑤ 「過積載の危険性」	法令に基づく荷主が遵守すべき事項、運転者等が受ける過積載に対する罰則、処分及び措置を理解させる
⑥ 「危険物を運搬する場合に留意すべき事項」	該当する事業者にあってはタンクローリーを運転する際に留意すべき事項を指導する 危険物に該当する貨物および運搬前の安全確認について理解させる
⑦ 「適切な運行の経路及び当該経路における道路及び交通の状況」	— （改正なし）
⑧ 「危険の予測及び回避並びに緊急時における対応方法」	注意喚起手法として指差呼称及び安全呼称を活用する、薬物が運転に与える影響、緊急時における適切な対応を理解させる
⑨ 「運転者の運転適性に応じた安全運転」	適性診断の結果に基づく個々の運転者の運動行動の特性を自覚させる
⑩ 「交通事故に関わる運転者の生理的及び心理的要因及びこれらへの対処方法」	医薬品の使用等による眠気及び飲酒の生理的要因による事故の可能性を理解させる 規定に基づく運転者の勤務時間及び乗務時間を定める場合の基準を理解させる
⑪ 「健康管理の重要性」	ストレスチェック等に基づき精神面の健康管理の重要性を理解させる
⑫ 「安全性の向上を図るための装置を備える事業用自動車の適切な運転方法」【新設】	安全性の向上を図るための装置を使用した場合の適切な運転方法を理解させる
上記事項を実施するための期間	▶ 上記内容について運転者に対する指導・監督を一年ごとに実施する旨を規定

別紙

第2章 特定の運転者に対する特別な指導の指針【改正事項】
○「初任運転者に対する特別な指導の内容及び時間」
◆ 一般的な指導及び監督内容を実施
◆ 上記内容を座学及び実車を用いることにより実施 ➡ 15時間以上 現行:6時間以上 ◆ 実際にトラックを運転させ、安全な運転方法を指導 ➡ 20時間以上 【新設】（座学のみ）
※整備方法、日常点検および車両等のトラックの構造上の特性に関しては実車を用いて指導

（資料出所：国土交通省）

この12項目を月々の安全会議などの議題として使用することも一つの方法で、巡回指導での指導項目としても指摘されています。

その内容について、どのようなことができるのかをご紹介します。

① **トラックを運転する場合の心構え**

社内や社外でのあいさつ、ドライバーの見だしなみを整え、職場で協調性を持ちコミュニケーションを図り、言葉遣いは対人関係の基本であるので荷主や取引先では、明るく顔を見てはっきりと行いましょう。

② トラックの運行の安全を確保するために 遵守すべき基本的事項

　　トラック運送業事業は公共施設の道路を利用し成り立ってはいますが、事故となると周りに多大なる影響を及ぼします。どのような場面でも「安全第一」で業務を遂行するために、法律などで社会的制約を受けています。事業主が負うべき義務はもちろんのことですが、運行管理者だけではなく、ドライバーの方々にも知っておいて頂きたい法律があります。

　　日常点検などのドライバーとして輸送の安全を確保するために遵守すべき事項の説明、さらに、それを怠った場合に起きた事故発生の際に事業主やドライバーが受ける罰則や処分などおよび交通事故が加害者等に与える心理的影響を説明します。

③ トラックの構造上の特性

　　ドライバーが乗車しているトラックの形状や寸法、性能を理解してもらいます。車両重量や最大積載量を把握した上での乗務が必要です。車両によって車高と車間距離の見え方が違ってきます。ドライバーがあおり運転をしていないつもりでも、周りの乗用車から会社に苦情が入る場合もあります。意識して車間距離を長くとるようにしましょう。

　　内輪差が大きくなり、巻込み事故が多発しています。特に左折時の巻込みに注意しましょう。ふくらみによるバイクや自転車の事故が後を絶ちません。ふくらみは違反行為なので、このような左折は厳禁です。

④ 貨物の正しい積載方法

　　ドライバーは、自身が積む荷物の特性や特徴を正確に把握しなければなりません。よくある話ですが、「そんなことくらい常識で判断できるでしょ」などと考えていると、思わぬ事故につながる場合もあります。わかっているのは当たり前ではなく、再確認の意味で、再度、積み荷等の説明を行って下さい。

積み荷によるマニュアルの作成も有効だと考えます。

⑤ **過積載の危険性**

過積載については、荷主(客先)より伝票などで、積む前に会社に指示が入ると思われます。重量を必ず確認して下さい。

荷主や事業者およびドライバーが受ける過積載に対する罰則や処分などの説明をします。

⑥ **危険物を運搬する場合に留意すべき事項**

タンクローリーを運転するドライバーは、荷物によっては、すべて労働時間と解釈されています。なぜ、そうなるのかとの意味合いの理解と、危険物などの運搬前の安全確認の重要性の理解が必要となります。

⑦ **適切な運行の経路及び当該経路における道路及び交通の状況**

運行の経路については、最近ではよくある高速道路のリニューアル工事などによる通行止めなど、運行管理者が常に把握しておかなければなりません。帰庫後のドライバーからの情報なども役に立ちます。

⑧ **危険の予測及び回避並びに緊急時における対応方法**

年間を通じて、ヒヤリ・ハット時などの届出を行いましょう。その注意喚起手法として指差呼称や安全呼称を活用できます。新人ドライバーは、最初は恥ずかしいようですが、他のドライバーのすべてが現場などで行っていると、それが会社の普通となります。

緊急時における対応方法は、前もって緊急時マニュアルを各車両に搭載して緊急時に備えましょう。

⑨ **運転者の運転適性に応じた安全運転**

適性診断には5つの種類があり、その該当ドライバーについては受けることが義務づけられています。

初任運転者は、運転者として乗務する前に受診しなければなりませんが、やむを得ない場合は乗務開始後1カ月以内に受診します。また、

以前の会社で受診経験があり、その診断書がある場合は、期間によってはそれを受診と認められる場合もありますので、運輸支局やトラック協会などの管轄支部に問合わせをして下さい。

　「初任運転者に対する特別な指導の内容及び時間」として、上記の一般的な初任診断に加え、15時間以上の座学と、実際にトラックを運転させ安全な運転方法の指導を20時間以上行うことが義務化されています。

　事故惹起運転者の特定診断Ⅰの場合は、死者または重傷者の生じた事故を起こし、その事故前1年間に事故を起こしたことがなく、軽症者を生じた事故を起こし、その事故前3年間に事故を起こしたことがある場合のドライバーです。

　事故惹起運転者の特定診断Ⅱの場合は、死者または重傷者の生じた事故を起こし、その事故前1年間に事故を起こしたことがあるドライバーです。

　事故惹起運転者の特定診断Ⅰおよび特定診断Ⅱの受診時期は、事故を起こした後、再び乗務する前で、やむを得ない場合は乗務開始後1カ月以内に受診します。

　高齢運転者の適齢診断は、65歳に達した日から1年以内に1回、その後3年以内に1回受診することとなります。

　初任診断、事故惹起運転者Ⅰ、事故惹起運転者Ⅱ、適齢診断は、受診対象者と時期が義務づけられていますが、一般のドライバーの適性診断は、3年に1回を目安に受診することが望ましいでしょう。

　適性診断は受診することが目的ではなく、受診後診断結果を受診したドライバーと共に運行管理者が活用することにより、安全運転へのアドバイスを行って下さい。

　なお、トラック協会により、適性診断（一般）受診助成や初任運転者

教育助成などを行っているところもありますので、お問合わせ下さい。

⑩ **交通事故に関わる運転者の生理的及び心理的要因およびこれらへの対処方法**

　事故の発生要因には、疲労、ストレス、ヒューマンエラーなどがあげられます。交通事故の要因は「人」「車」「道路」ですが、そのほとんどが「人」のミスであるヒューマンエラーと考えられます。その要因としては、思い込みによるもの、知識・技能不足によるもの、意図したもの、妨害が入ったためのもの、緊張状態が招くものがあります。

　そのヒューマンエラーを防ぐためには、心の余裕を持ち、思い込みをせず常に危険を予測することを怠らず、運転能力の向上を目指し謙虚な運転態度を心掛けることが大切です。

⑪ **健康管理の重要性**

　会社による一般健康診断が年に1回、長距離輸送の夜勤などに携わるドライバーは6カ月ごとに1回、年2回の健康診断の受診が義務付けられています。その結果により、再検査などが必要なドライバーは、必ず受診できるような配車をしましょう。仕事が優先で、健康診断を受診させてくれないという声も、ちらほら聞きます。これも、受診することが目的ではなく、受診後に会社に送られてくる健康診断個人票にて、そのドライバーが健康であるのかどうかを確認しなければなりません。健康であれば安全運転もでき事故防止にもつながります。

　ドライバーの高齢化に伴い健康起因事故が増加しています。心筋梗塞や脳卒中などでの事故や、糖尿病などの生活習慣病で薬を服用しているドライバーもいます。運行管理者による点呼や配車時点での配慮は必要となります。

⑫　**安全性の向上を図るための装置を備える事業用自動車の適切な運転**
　方法

　　先進技術を利用した装置である運転支援装置を搭載した車両を「先
進安全自動車」「ASV」といい、センサーやコンピューターなどを備え
安全走行し、事故の削減を図っています。

　　運転支援装置には、衝突被害軽減ブレーキや定速走行・車間距離制
御装置(ACC)などがありますが、万能ではなく事故なども発生してい
ますので、過信は禁物です。

　　また、安全会議を行う際には、必ず、議事録を作成し、参加ドライ
バーにサインをして頂きます。会議での内容やそれまでに起こった事
故などを話し合い、これからの危険予知などに多いに活用しましょう。
会議の状況、掲示物など写真に収め、Gマーク(貨物自動車運送事業
安全性評価事業)取得や継続の際などに使用することもできます。各ト
ラック協会から毎月発行されているトラック広報には、会議で使用で
きる安全運転実践目標などがあります。多いに活用しましょう。

第5章

トラック運送業でよくある質問・相談

トラック運送業では、ドライバーと事務職員とは労働時間のカウント方法に相違があります。ドライバーは、労働条件の改善をはかるため、改善基準告示による労働時間が策定されています。労働条件などで、この業界でよくある質問・相談を紹介します。正しい時間管理を行うことで、より良い労働環境を作りましょう。

1 労働時間・休日・休暇等について

■相談1：改善基準告示の労働時間の正しいカウント方法を教えて下さい

　　ドライバーをしています。夜中2時より昼12時までの仕事をしています。会社規程の勤務時間が8時より17時なので、夜中2時から8時までの早朝残業代が支払われています。このような対応で問題ありませんか。

■回答1：ドライバーは、始業時刻より24時間でカウントします

　　自動車運転者の労働時間は始業時刻より24時間なので2時より所定労働時間をカウントします。所定労働時間8時間と休憩1時間(労働基準法第34条)を取得し9時間とした場合は、11時までは時間外割増賃金の発生はありませんが、11時から12時までの1時間は時間外労働としてカウントし125％の賃金支払いが必要となります。また、夜中2時より5時までは深夜割増(労働基準法第37条)の25％の支払いも発生します。

　ただし、この場合は深夜割増が支払われており、早朝残業代が時間外割増として支払われていることとすると法律より多く支払われていると考えられますので、法律違反となることはありません。

※就業規則に所定労働時間が変更することがある旨および改善基準告示の記載をしましょう。

【自動車運転者の労働時間】

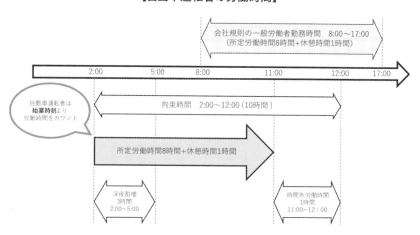

■**相談２：自動車運転者の時間外労働の１カ月の上限について、実際に残業時間が多い場合は、その時間を時間外・休日労働に関する協定（労働基準法第36条）に記載するのですか**

　36協定で自動車運転者に対して１カ月の時間を80時間までで記載した際には指導が入らないと聞いてはいますが、実際に残業が80時間以上ある場合はどのように記載した方が良いですか。

■**回答２：実際に行う時間を記載するようにしましょう**

　36協定で１カ月80時間と記載した場合の指導が入るかどうかはわかりません。しかし、80時間以上の時間外労働を行えば、特別巡回指導や労働基準監督署の監督などがあれば法違反とみなされ、是正勧告と

なると考えて下さい。是正勧告されたにもかかわらず改善がされないのであれば、不幸にも死亡事故などがあった際の行政の対応が是正の有無で大幅に違ってきます。2022（令和4）年の現時点では、実際に残業が80時間以上ある場合でも、改善基準告示の限度時間に従い、その時間を記入しましょう。しかしながら、2024（令和6）年には、改善基準告示の限度時間が現時点より少なくなりますので、注意しておきましょう。

　研修などで、研修者に時間管理の話をする際に、36協定について、それはどのようなものかを聞くことがあります。その返事は、「年に一度、行政が厳しいから、とりあえず届出させなあかんのやろ？」このような答えが多く寄せられます。内容は、昨年度と同様に人数を再度確認して、日付を変更して労働基準監督署に持っていくとのことでした。

　労働時間については、法定労働時間（1日8時間、1週40時間）を超える労働をしてはいけません。しかし、36協定を労使の間で締結（労使協定）し、管轄労働基準監督署に届出することにより、免罰効果となります。要するに、一人でも労働者を雇用している場合は、届出を行わなければなりません。ただし、法定労働時間内の業務であれば、届出しなくて良いのです。

　記載した時間外労働時間は、その時間、残業を行うと行政は解釈されますので、実際に時間外労働をしないのであれば、枠いっぱいに記載するのではなく、時間外労働を行うであろう時間の記載が望ましいと考えます。

　このような内容からも時間管理をしなければならないことの重要性をおわかり頂けると思います。

■相談3：長・中距離輸送の時間管理を教えて下さい

　ドライバーに長距離輸送をしてもらっています。その時間管理がまっ

たくわからず、困っています。どうすれば良いですか。

■<u>回答３：トラックドライバーの労働時間は、距離にかかわらず、日にちをまたいでも、始業時刻より24時間が１日です</u>

　始業時刻ごとに24時間で区切り、ダブルカウントにも気をつけて下さい。拘束時間は、労働時間と休憩時間を足したものです。つまり、拘束時間から休憩時間を減じると労働時間が残り、そこから法定労働時間を減じると、時間外労働が残ります。その場合、法定労働時間と所定労働時間が違う場合には、注意が必要となります(詳しい内容につきましては、第３章『１　運送業の正しい時間管理』「(4)　長距離輸送の時間管理について」を参照して下さい。)。

■<u>相談４：振替休日と代休の違いがわかりません</u>

　会社が、休日に出勤する代わりに、平日に休んで下さいと言います。休日に出勤した場合は、休日手当が支給されますか。

■<u>回答４：振替休日は休日手当の支払いは必要ありませんが、代休は休日手当の支払いが必要となる場合があります</u>

　振替休日は、振り替える日を会社が事前に指定して休日を取りますが、代休は振り変える日を後日指定します。振り替える休日の指定がなく、もともと休日だった日に出勤した場合は、休日手当の支払いが必要となります。

【振替休日と代休の違い】

項　目	振　替　休　日	代　休
休日の取り方	業務の都合により、特定されている休日に労働せざるを得ない事情が、事前に生じた場合など	休日労働や長時間労働をさせた場合に、その代償として他の労働日を休日とするとき
要　件	①　就業規則に勤務上の必要がある場合は休日を振り替えることができると記載 ②　4週4休の休日を確保 ③　遅くとも前日までに本人に予告	特になし
賃　金	振替休日が同一週内の場合は、休日出勤日に通常の賃金を支払う。	休日出勤日に割増賃金の支払いが必要
指　定	あらかじめ使用者が指定	使用者が指定することや労働者の申請

※振替休日が週をまたがった場合、週の法定労働時間を超えて労働させた時間については、時間外割増賃金が必要となります。ただし、変形労働時間制により40時間を超える所定労働時間の設定がある場合には、その所定労働時間を超えた時間の割増賃金が必要となります。

■相談5：歩合給で賃金が支払われている場合は、年次有給休暇が発生しますか

　歩合給100％で賃金が支払われている事業所でも、年次有給休暇を与えなければなりませんか。また、買取りをしても良いですか。

■回答5：歩合給でも年次有給休暇は発生します

　賃金の支払い方が全額歩合給でも、年次有給休暇を与えなければなりません。時効により消滅する部分については手当などで賃金として支払うことは可能ですが、実際に付与されている日数は賃金に変えることはできません。

2 一般貨物運送事業関係について

■相談：トラック1台で一般貨物運送事業はできますか

　トラック1台、一人で運送業を営むことができますか。 また、運輸会社が他社の白ナンバー（自家用トラック）を業として使用できますか。

■回答：運賃が発生する一般貨物運送事業は、トラック1台ではできません

　一般貨物運送事業は、個人事業として個人で法人と同じ要件で営むことができます。そのためには、要件（5台以上の営業車の登録等）を満たす必要があります。また、他社の白ナンバー（自家用トラック）を業としては使用できませんが、社内の工場間などの輸送などで他社からの運賃などが発生しないものについては使用することができます。

3 賃金等関係について

■相談：ドライバーは請負の働き方はできますか

　一般貨物運送事業を行っている会社の労働者である事業用自動車のドライバーを、給料制ではなく時間管理の必要がない下請業者の請負として賃金の支払いを行うことができますか。

■回答：ドライバーの請負はできません

　働き方として、会社の労働者として給料制、もしくは出来高払制などで雇用（一定要件あり）できますが、事業主はドライバーを選任する義務がありますので、請負という働き方はできません。

4　社会保険の加入について

■<u>相談：社会保険は、加入義務がありますか</u>

　社会保険に、入りたくないというドライバーがいます。必ず加入しなければなりませんか。

■<u>回答：所定労働時間勤務するのであれば、加入義務が生じます</u>

　会社の所定労働時間働く場合は、社会保険に入らなければなりません。会社規模にもよりますが、所定労働時間の3/4未満のパートタイム労働者であれば加入義務はありません。本人の都合で加入しないことはできず、それに対しても車両停止などの行政処分があります。

【従業員数500人以下の事業主のみなさまへ】
法改正によりパート・アルバイトの社会保険の加入条件が変わります。

（資料出所：厚生労働省・日本年金機構リーフレット）

5　雇用保険について

■<u>相談：ドライバーの退職で、雇用保険での会社都合と自己都合は会社にとってどう違いますか</u>

　ドライバーから退職したいという申出を受けましたが、会社都合にしてほしいという要望がありました。それは事実とは違うので、できないと言っていますが、それに対する罰則はありますか。

■回答：ドライバーと共に、会社にも罰則はあります

　ドライバーが自己都合退職したのにも関わらず、会社都合にしてほしいという相談はたくさん寄せられます。退職理由が会社都合の場合、自己都合と比べて、短い離職理由に基づく給付制限で雇用保険の基本手当が受給できたり、受給期間が長くなるからです。会社側としても、会社が雇用保険の基本手当の支払いを行わないことや、自己都合退職であっても、時間外労働が多い場合は、雇用保険の特定受給資格者となる場合があり、その調査が会社に入り長時間労働が発覚するのを避けるため、会社都合としていた案件がありました。しかし、雇用保険法では、不正に失業等給付を受けた従業員は、その不正の行為により受けた失業等給付を受けた額と、その額の2倍に相当する額、つまり3倍以下の金額の納付を命ぜられます。また、その事業主は失業等給付の支給を受けた者と連帯して返還しなければならないので、従業員が返還できない場合は、事業主が返還することとなります。調査を恐れて、事実と異なる対応をしなくて良いように時間外労働時間の削減に取り組みましょう。

第6章 トラック運送業での労働時間管理に関する事例

この章では、トラック運送業において私が携わった労働時間管理に関する事例と参考となる判例を紹介します。

1 労働時間短縮等の改善事例

まずは労働時間管理の方法を社内全員で考え、ドライバーの時間に対する意識を変えた事例です。最終的には、労働時間短縮となり、生産性の向上と業務の効率化を図ることができました。

「トラック運送業は、労働時間管理が最も重要である。」この内容を主としたセミナーを行いました。その必要性を感じて頂いたのか、会場に参加して頂いた数社からご連絡を頂き、その中の会社の総務部長と社長とが一緒に事務所に来られました。

⑴ 相談：ドライバーの時間管理は必要

その会社は、以前より、社長、管理職共に時間管理を行わなければならないことはわかっていましたが、実際の現場では労働時間管理に対する意識が乏しく、売上重視で業務を行っていました。しかし、これではいけないと社長の気づきにより、会社全体で時間管理をしようと方向性を決定しました。各営業所の所長（運行管理者）が労働時間管理をして、労働時間でドライバーの支払い（基本給と固定残業・歩合給での賃金）を

すると、会社の運営自体が持ちこたえられなくなるのではと会議で発言がありましたが、会社の方針として、労働時間管理についての曖昧な部分を限りなく法順守となるようにと話合いを行いました。

(2) 対策：管理者、ドライバーみんなで考える

まずは、拘束時間の短縮に向けて、各営業所長が考えました。その際、ある営業所長（運行管理者）が、「経費を抑えるために、高速の使用を最小限にするため許可制としていましたが、目標とする時間短縮のため、経費が増えても高速道路を使用することを許可すれば良いのではないでしょうか。」との提案がありました。それに対して、「社長に願い出て許可すれば良いのではないでしょうか。」との意見がありましたので、社長に願い出て許可を得ました。

そして、各部門の管理者を対象に勉強会を開始しました。毎月の管理者勉強会において各部門の1カ月の拘束時間・休息期間・休憩時間を発表し、改善策と指導方法を発表し合い、毎月結果を追い、意識向上を図りました。

私は、いつも勉強会では「運行管理者が変わると売上げが変わり、運行管理者の考え方が変わると会社自体が変わっていく。」と話をしました。

毎月、**拘束時間管理表**で時間管理をし、改善点を勉強会で話合いをしました。

その後の数カ月間の高速代が激増しましたが、順次、拘束時間は減っていきました。運行管理者は、経費とドライバーの歩合の部分を増やして、少しでも給料をたくさん持って帰ってもらえるように気遣いながら、配車を行っていました。社長は勿論のこと、営業所の所長も同じ考えでいます。

結果、一旦は、高速代が増えましたが、ドライバー自身により、この

【拘束時間管理表】

自 動 車 運 転 者 拘 束 時 間 管 理 表

社 長	営業所長	運行管理者	担 当

会　社 _____

営業所 _____

運転者 _____

2022 年 12 月

※太字項目のみ入力

当月の最大拘束時間 293 時間

日	曜日	行　先 (運行内容等)	運転		累計		積卸		その他		休憩		他加算		小計		累計		休息		始業		終業	
			時	分	時	分	時	分	時	分	時	分	時	分	時	分	時	分	時	分	時	分	時	分
1	木		5:00		5:00		2:00		0:30		2:30		1:00		11:00		11:00		12:00		7:00		17:00	
2	金		7:00		12:00		3:00		0:30		1:30		1:00		13:00		24:00		13:00		6:00		18:00	
3	土		8:30		20:30		3:30		1:30		2:00				15:30		39:30		11:00		5:00		20:30	
4	日		5:00		25:30		2:00		1:00		1:00				9:00		48:30		12:00		8:30		17:30	
5	月		9:00		34:30		3:00		1:30		3:50				17:20		65:50							
6	火																							
7	水																							
8	木																							
9	金																							
10	土																							
11	日																							
12	月																							
13	火																							
14	水																							
15	木																							
16	金																							
17	土																							
18	日																							
19	月																							
20	火																							
21	水																							
22	木																							
23	金																							
24	土																							
25	日																							
26	月																							
27	火																							
28	水																							
29	木																							
30	金																							
31	土																							

先月までの今年度累計 1960:00　　　他加算累計 2:00　調整後累計 63:50　今年度累計 2023:50

※他加算とはダブルカウント時間
※調整後累計 ＝ 月間拘束時間累計 － 他加算累計

87

高速道路を使用しなくても到着時刻に影響がないことへの考え、気づきがあり、ドライバー同士の道路情報交換をすることにより、必要でないと判断される高速道路運行指定は、運行管理者に許可を得て使用をしない方法はどうかとの提案があったので、その方法を実行しました。そのドライバー達の努力により高速経費もほぼ元通り近くまで戻った上に、拘束時間も改善基準告示内まで抑えることができました。同じ業務でも、労働時間を短縮でき、業務の効率化となりました。

⑶ 労働時間管理開始からの軌跡

① 改善以前は現場任せで売上げ優先

ドライバーに対して会社からの時間管理の指示はなく、休憩・休息も本人任せとなっており、ドライバーは自由に思う通りに走行していました。平日や休日の出発時刻についても指示がありませんでしたので、本人任せとなっていました。売上至上主義での配車を行い、利益追求を最優先として、給料体系もそれに準ずる支払い方をしていました。

最新型のデジタルタコメーター（以下「デジタコ」という。）を各車両に搭載していましたが活用されてはおらず、デジタコのボタンの押し忘れが多く、記録上では月の拘束時間500時間超がほとんどで、実際の時刻はわからない状態となっていました。

連続運転の限度に対する意識も薄く、4時間連続運転後の30分休憩等も取れておらず、積込みや道路状況任せで考えなしに休憩等を取っていました。また、売上確保のため土曜日も運行していました。

特に、10トン・4トン車については、長距離輸送の後に当日走りの地場輸送の配車を行い、工場から工場までに配送する横持ちや当日配車を多く回転させ、走行時間を長く取る配車をするので休憩を

取るのが厳しい状況でした。中距離輸送後の長距離輸送での折り返し運行もあり、長距離輸送中の休息もドライバー任せで時間に関係なく自由に取り、相も変わらず売上優先で、土・日・祝日も仕事があれば稼働していました。

労働時間短縮より高速代の削減になる走行には、その削減分に対して手当を支給していました。

② 隠れた高コスト体質に気づく（第1段階）

労働時間を短縮しなければならないことはわかってはいましたが、この時点では、一部の管理者は時短ができるという確信を持てないままに行っていたような気がします。管理者全員の気持ちが定まらない形ではありましたが、前に進むべく、労働時間を短縮するために、まずは拘束時間の短縮を考えました。

拘束時間は、改善基準告示の1日平均13時間で、最長16時間にすることについての厳守方法を考えました。時短するために、会社としてドライバー乗務員に高速道路を使用することにより、時間短縮を行うことを選びました。その際にデジタコのボタン操作を確実に行うように指示しました。

その結果、売上は10％ダウン、また、ドライバーの給料も高速道路を使用することによる残業代や高速道路未使用の手当の減少により10％ダウンとなり、高速代は今までの2倍となって、高速代の急激な増加により利益自体も減少低下しました。

ドライバーからは、周りの運送会社は労働時間短縮なんて行っていないし、できないと不平不満などが出てきました。ベテランドライバーはデジタコ操作ができないことや、今まで何もされていなかったのに、時間管理されるのが嫌だと退職者が出ました。また、ドライバーの中には時間調整ができなくて、デジタコを故意的に切って

走行をごまかす者も増加しました。

　そのようなドライバーの不平不満の中、同じ仕事量で時短をするため必要車両数が多く必要となります。配車管理者が、繁忙期には車両不足となり手配困難となりました。売上制のドライバーは、給与が低下し、配車管理者からの指導や業務の確認が増えたことにより、自社専属車両へは、配車の無理な押し付けもあったように思われます。

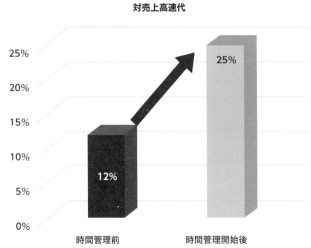

【時間管理前後の売上に対する高速代】

対売上高速代

③　現状を把握し管理者、乗務員の理解を得る（第2段階）

　それから、毎月、管理者研修を行うことを決め、デジタコで労働時間管理を行い、改善点を研修会議で話し合いました。約3年間毎月合計32回行うことで、労働時間管理の必要性を管理者が自ら確信し、その結果、労働時間管理と共に労働時間短縮の目的を達成できました。

　その具体的な方法は、毎回労働時間の長いドライバーのデジタコ

をプロジェクターで写し、前回の改善点はクリアできているか、また今月ではどうかなどと、その運転時間、休憩時間、積込み時間などを明確にして、その部門の管理者が会議の席で内容を細かくデータ分析をして発表を行いました。他の管理者からの質問、アドバイスなどを受けて、前月と当月の比較を行いながら、時短を進めていきました。それを管理者研修後に管理者が各部門に持ち帰り、内容をドライバーに水平展開しました。

　毎回、研修の初めに当日の「自己目的」を記載し、研修終わりに「当日の気づき」などの振返りを行いました。その内容を、次回までに赤ペン先生としてこちらが記載し、次に繋げるようにしました。

　この振返り用紙を使用した研修は、数年前ですが、当時、この研修を受講した管理者の自己目的には、「次の時代に合った輸送を構築していきます。」と明記され、研修後の振返りには、「皆が興味を持って取り組み成果が出てきています。もっと良い成果を出せると感じました。（運賃を）値上げしていっています。荷主から切られる覚悟ですが値上がって来ることもあると思います。」とありました。

　また、「この会社で働きたいと他から思われる賃金、法順守、認められる会社」と記載があり、「会社の管理者、乗務員の意識改革をする、行動する、結果を見て改善する。人を動かす力で対応するのですが、気づき、行動していない自分がいます。「まずは強く想う事」なので、気づき、行動します。

　休憩―1日1時間、4時間に1回取れる時に1日1時間は絶対取る。

　休息―24時間で連続8時間、分割10時間の寝る時間を取る。

　待機―荷卸しまでの待ち時間を減らす。」

と記載され、強い意志が伺われました。

　また、他の管理者の自己目的は「もっと強化できることがないか

勉強し、会社の方向性に活かしていきたい。」、振返りには、「法改正、働き方などにより法律の時間の限度が短くなり、守ることが厳しく思いますが、会社だけでは改善することはできないので、きよみ塾で言われていた人と人とのコミュニケーションが一番なので、お客様や会社の皆で協力するのが一番だと思います。」などと記入されていました。

それに対しての赤ペン先生は、「世の中には変化を求めない人がたくさんいます。しかし、変化がなければ何も変わらない！どんどん変化し、色々なことに挑戦して下さい。これからが楽しみです。」「まずは、強く思う事」「自身が感じないと周りの人には伝わりません。やり甲斐のある仕事、頑張って下さい。結果はついてきます。」と赤ペンや安全の緑ペンでの回答となりました。

さらに時短に対する意識改革を行うために全従業員に対して教育を開始しました。 最初は社長の方針に猛反発していたドライバーもいましたが、「社長がやる」と決めたので、どうせやるなら良い結果を出そうと、これを機に会社の向かっていく理想の部署方針と、その意味を理解してもらう働きかけを行っていきました。

管理者からは、グループライン等で全員に1カ月の結果を公表し、赤ペン指導と共にお互いに競争できるようにゲーム性を持たせる工夫もしました。 現在の客先の輸送方法に固守したような考え方や時間効率を高めるためだけの指導ではなく「どうしたらできるか」をドライバーと相談し合いながら一緒に取り組みました。

同じように各部門の管理者の発表を行っていくうちに、不思議な現象が起こりました。時短に対する自覚のあった部門は、急激な時間短縮ができたということです。長距離ドライバーに関しての時短については、時間がかかったと思います。

【自己目的表①】

この研修の「自己目的」を明確にしましょう

この研修の目的　　　　　　　①　　月　　　日

「自己目的」が明確であれば研修に全体的に取り組めて
「自分の役に立つヒント」を自分でつかみやすい

こんな会社に
したい

　　私　　　　　　　　　　　は……

　　　　　　　…ために今日ここで過ごす

①　　月　　　日の振り返り 氏名（　　　　　　）

本日の気付き等の感想を、ご記入ください。

記入後、ご提出ください。

【自己目的表②】

この研修の「自己目的」を明確にしましょう

この研修の目的　　　　　　　① ６月 ２３日

「自己目的」が明確であれば研修に全体的に取り組めて
「自分の役に立つヒント」を自分でつかみやすい

こんな会社に
したい

私　　　　　　　　は……

この会社で働きたいと、他から
思われる賃金で法を守り世の中
から認められる会社にする

…ために今日ここで過こす

① ６月 ２３日の振り返り 氏名（　　　　　　　　）

本日の気付き等の感想を、ご記入ください。

会社の管理者、乗務員の意識改革をする
行動を取り結果を見て改善する
人を動かす力で対応するのですが、気付き行動に
ない自分がいてます。「まずは強く思う事」なので気付き
行動します。休憩－1日1hは絶対に、連続運転4h－1回
休息－24hで連続8h 分割10h 寝る時間
待機～荷却までの待ち時間を減らす

記入後、ご提出ください。

「まずは強く想うこと」 自身が感じないと周りの人には伝わらないかな
やりがいのある仕事！ 頑張ろうォ！ 結果はついて来ます。

「どうせ無理」と考えず、強い気持ちでドライバーさんの進化を信じて取り組んだことが、良い結果に繋がりました。

④ お客様を巻き込んだ改革―輸送構造の変革(第3段階)

ドライバーに対する労働時間短縮を行うと共に、お客様への提案を開始しました。その具体的な内容は、今まで地方から大阪までの輸送は前日積み込みをして当日の配送を行ってきましたが、当日に地方で積み込み、200キロ圏内なら、そのまま走行して積み込んだ当日に大阪で荷卸しをするように積込配送の提案をしました。そうすることにより地方で積み込んだ荷物が1日早く大阪で荷卸しできることになり、乗務の効率化を図ることができます。

そして、一時的ではあったものの、長距離配送を自車では配車せずに、すべて長距離専門の協力会社への手配とし協力してもらいました。労働時間管理を重視したためですが、その間にどのようにすれば、長距離輸送で時間厳守できるかと考えました。

また、自車は、前日配車の宵積みでの最大キロ数を決定し、決定した最大キロ数に達した場合は、配車をしないことを決めました。走行キロ数が多くなると同時に長時間労働になることが考えられるからです。

労働時間管理をすることの重要さに気づき、休息期間の指示と、連続運転の4時間ごとに30分の連続運転中断の指示を開始し、労働時間短縮に努めました。

基本的には地場輸送(近場)区間の前日積み込みの宵積みと、翌日地方から大阪までの当日配送の組合せにして、大阪で再び宵積みをする方法に切り替えたことで車両が有効に使用できました。大阪管内での当日配送することや、特に地方から大阪までの当日配送を拡充させる方法をとることにより、1台の車両の回転率が上がり、合

理化に繋がっていきました。

　長距離配送もできる方法を思案しながら再開し、業務開始時間を指定し、有効な高速道路使用やフェリーなどの活用をしました。

　ドライバーには、出勤時間を指定していましたが、必要以上の早朝出勤をすると、1日の最大拘束時間の16時間のところで宿泊しなければならないことをシステム化しました。泊まることが嫌なドライバーは、必要な時間を考えながら、遅くに出勤するようになりました。

　高速道路使用による経費増大となったため、考えせざるを得ない状況となり、みんなが一丸となりました。会社全体の従業員の時間に対する考え方が変わり管理職の提案と、お客様のご協力のお陰で時間短縮をすることができました。

　今までの輸送体制の改善策をみんなで話合い、距離と時間とコストと利益を考えに考えました。

⑤　さらなる粗利意識の追求と1時間あたりの重要性を知る(第4段階)―生産性と利益の両立をめざして―

　会社の方針で粗利意識向上と利益の追求を行いましたが、以前の時間を度外視した方法ではなく、ドライバーに新たな削減評価と新たな特別手当の支給を開始しました。人事制度の給料体系に変更し、「売上－経費(高速代＋燃料代)＝粗利」この粗利に対してのインセンティブに変更し、人事評価制度を導入しました。また、ドライバーが安全会議の運営から議題を考案し、議事録まで作成してもらえるように指導しました。　その他ドライバー自らが管理業務を行う準備をし、どのような業務にも対応できるよう他部署でも休車の車両で配送したり、全グループ資源を活用できるドライバーの育成をしました。

　また、ドライバー募集の時には自社の取組みを理解できる人しか雇用しない方針を決め、お金のみ求める人や仕事を選ぶ人は雇用しないようにしました。

　面接では、どのような会社で働きたいか、志望動機や運転に対する考え方など、質問の内容を用意し、必ず2人以上で面接を行います。会社は、採用に関して細やかな内容を相談できる人を前もって置いておくなど、いざとなった場合の対応策を講じました。

　会社では、自らの意思で行動を起こす意識の高いドライバーを雇用することを最重要視しました。話合いを行い会社の考え方を理解できるドライバーは、さまざまな部署で働くことができます。新たな知識を得て、どのようにすれば生産性が上がるかなどの意見交換もします。

　ドライバーは、現場を一番理解しており、その意見は重要なので、ドライバーの具体的な意見を活用し、管理職の方々が生産性を向上させる方法などを考えたお陰で、利益の追求が見込めました。

　生産性の追求のため、各部署全体で1時間あたりいくら稼いでいるかなどを知った上で無駄な残業で給料を稼ぐことが、本当に個人のメリットなのかを考えました。

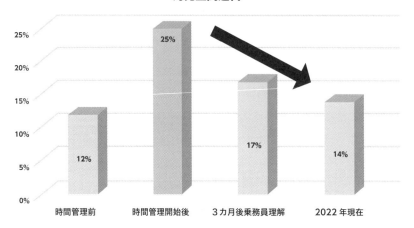

【時間管理開始後の売上に対する高速代の経緯】

対売上高速代

⑥　働き方改革の新デジタコ活用による職場環境改善の結果

　　新デジタコ活用等がもたらした現場からの職場改善の声を紹介します。

■A部門

　▶拘束時間管理と今後の水平展開を考える(情報の共有)

　▶指導者、ドライバー共に意識を持ち、皆で協力

　▶デジタコ導入で現状が明確になったので、今後の改善策を考える(細やかな問題点)

　▶やらなければならないことをリスト化して、一つずつ解決！

■B部門

　▶一つずつできるところからやっていく！

　▶ボタンの押し忘れについて、まずは、始業、終業時刻を徹底化する。

　▶プラス(できれば、休憩時間もお願いしたい)

■C部門

　▶私たちは、今、何をすべきか？

　　　▶なぜ、労働時間管理が大切なのか？

　　　▶スタッフ達に理解してもらうこと！

　■D部門

　　　▶法律と現実のすり合わせ（ギャップ？）

　　　▶輸送構造の改革

　　　▶新しいデジタコのボタン押しの徹底（楽しくボタン押しができる
　　　　方法）

　　　▶他人ごとではなく、自分自身のこと（気づき）

　　　▶時間管理への意識改革

　　　▶どのように伝えれば伝わるか？

　　　▶ドライバーのことを考えた上で頑張った（伝えることができた）

　■E部門

　　　▶各営業所の「お願いね」の姿勢が素敵

　　　▶ドライバーが意識してもらえるように声掛け

　　　▶グループ会社の皆が協力

　　　▶会社を守ろうと動いた結果のデジタコ

　　　▶ドライバーの気持ちが伝わる拘束時間管理表

⑦　新たな組織への出発

　　労働時間管理開始後は売上10％ダウン、高速代は2倍になりま
したが、管理者の勉強と乗務員が進化することを信じ、対話により
3カ月後には乗務員が各行先への開始時間や、ルートを情報共有し、
以前と変わらない売上・高速代までに戻りました。時短により、ド
ライバーも安全最優先な運行ができ、自由な時間が増え働きやすく
なったとの声を聞きます。粗利と1時間あたりの生産性を高めるた
め、一般燃料価格より20円ほど安い自社での地下タンクでの給油
とし、協力したドライバーの評価として1台あたりの粗利達成者に

は新たな手当として特別手当である１万円を支給するなど、給料が10％近くのアップにつながりました。

客先への依存ではなく、お客様にもメリットを出し、時間を有効に使え、粗利の向上する輸送構造を提案できました。管理者の考え方一つで新たな輸送構造や仕組みを構築でき、自社の方針や考え方に共感した新たなドライバーが増えました。

何よりドライバーを信じました。環境の変化に対応してくれた人が残りました。

ドライバー達が自ら考えたことにより素晴らしい結果が出ました。

この時間管理を始める際に、会議で発言していた高速道路使用の許可を社長から受けた営業所長の言葉です。

「最初は不安もありました。本音をいうと労働時間を減らすことにより、ドライバーの賃金が減って、退職者が出てくるであろうことも考えていました。労働時間管理開始にあたり、乗務員の進化は信じましたが同時に厳しいことも言いました。定期監査や誰かが重大事故を起こして特別監査が入った場合に特別な指導や車両停止になっても、労働時間管理やデジタコを押すことができていない人は、会社からの温情の給料補助、補償は一切しないと指導を行いました。ドライバー自身のために労働時間管理を行ってほしいとの思いです。結果、ドライバー達の協力により経費削減となり、拘束時間も削減できました。

できないと考える前に、やってみることが大事であり、このような結果が出たことについて、ドライバーに感謝したいと思います。」

労働時間短縮について最初は無理であると耳を貸さなかった営業所長もいましたが、いつもドライバーのことを考えており、日頃からドライバーとのコミュニケーションが取れていたことにより築か

れてきた信頼関係の賜物であると感じました。

2　労働時間管理に起因する労働紛争等の改善事例

以前に数々の労使紛争等の問題があった事業者がありました。

(1)　賃金未払い事件

(2)　労働組合事件

(3)　社会保険未加入事件

最初は、10人に満たない従業員数でしたが、今では倍近くまで人数が増え営業所を出すこともできるようになりました。内容につきましては、筆者作成部分があることを述べておきます。

(1)　賃金未払い事件

もう数年前になりますが、運送会社からの連絡で私の事務所の電話が鳴りました。対応すると、労働基準監督署より退職ドライバーが賃金未払いの申立てをしており、どうすれば良いかわからないので相談したいとのことでした。すぐに来て下さいとの要請があり事業所に伺うと、労働時間管理を行ってはいましたが、会社独自の方法で法律にそぐわない労働時間管理でした。そこでは、自動車運転者の労働時間管理は、改善基準で行わなければならないところ、ドライバーも一般従業員と同じ時間カウントをしていました。

事業所に伺い、おおよその内容を把握した上で、事業主と一緒に労働基準監督署に伺いました。すると、以前に面識のあった監督官だったので、その時は安堵した記憶があります。しかし、それからは、賃金未払い計算との葛藤が始まりました。

それから、過去2年間(当時の時効は2年間)の労働時間の算出となり

ました。このような場合は、申し立てたドライバーが労働時間や未払い賃金の請求をするのですが、その計算については事業者が行わなければなりません。労働基準法で事業主は従業員の労働時間を把握しなければならないと定められていますので、ドライバー自筆の日報を見ながら時間を記入していきました。この手書き日報はかなりの重要な書類ですので、運行記録計とのチェックを必ず行わなければなりません。

そのドライバーが乗務していた車両は2トン車だったので、運行記録計の登載義務はありませんでした。この時点で良かったことは、ドライバーが作成している日報がとてもわかりやすく丁寧に書かれており、運行自体が定期便で毎回同じルートを走行していたことでした。

その日報より2年間の時間を転記して、労働基準監督署に行くと内容について1分単位での精査が始まりました。たまたま、始業時刻が書かれていない日があり、ほぼ7時の始業時刻が多かったので空白のところに7時と記入すると、その理由についても質問され、それは定期便という毎日同じルートで走行するため、同じ時間になると答えました。その時間表を作成するだけでも数カ月かかり、毎月労働基準監督署通いとなりました。

幾度となく事業主と一緒に労基署通いが始まりましたが、私は事業主に労基署にひとりで行くことの許可を取り、それからも日々通いました。

指摘続きで結構に厳しく、なかなか理解して頂くのに時間がかかりました。時間表が完成すると次は雇用契約書です。しかし、雇用契約書は作成していなかったので、手書き日報と給料明細による確認となりました。

1日の日当が1万円の契約で10時間の勤務でしたので、雇用契約書作成の際に日当は何時間分という内容の記載が必要であると事業主は再確認されたようです。今回は、2時間分の時間割増賃金の未払いのみが発生していたので支払いを行い、この事件は終了となりました。

(2)　労働組合事件

　普段より、もの静かなドライバーでしたが、突然に退職すると言い、その直前に個人加入できる労働組合であるユニオンに加入しました。そのユニオン加入の理由は賃金未払いでしたので、ユニオンを通じて請求がありました。請求のポイントは、会社の時間カウントが違っていることでした。自動車運転者の改善基準告示での計算をしなければならないところ、一般社員の計算をしていたため多少の賃金未払いとなっており、その請求となりました。

　団体交渉が始まり、ユニオンと事業所とで話合いをしました。その時事業主はドライバーと和解するため、普段からドライバーとのコミュニケーションが取れていないことを詫びながら、根気強くドライバーと直接に何度も話合いをしました。

　当時は、ユニオンの事務所にも行き交渉を行いましたが、ドライバー本人が、事業主との話合いを理解してくれてユニオンを通して和解が成立したため、ユニオンを脱退しました。事業主の気持ちが伝わり、ドライバーが納得したんだと感じました。事業主は、このことをきっかけに、ドライバーとのコミュニケーションの大切さを痛感されたようです。

(3)　社会保険未加入事件

　私が会社と対応し始めた以前より社会保険に加入していなかった時期もあり、その当時に遡り社会保険料に加入し毎月の社会保険料の支払いをしていました。そこに、新人ドライバーが入社し、会社は加入義務があると言いましたが、そのドライバーは社会保険に加入しても数年しか加入暦がないので加入しないと言い、未加入となっていました。

　そのドライバーが退職後に、会社が社会保険に加入してくれなかったと年金事務所に申し立てをしました。その連絡が年金事務所より会社に

あり、遡って加入することになりました。加入について、当事者である退職ドライバーと電話で連絡をとり約2時間の話合いをしました。

遡っての社会保険加入となりますので保険料については、会社と従業員との労使折半なので、従業員は会社に対して支払い義務が生じますとの説明をしました。すると、退職したドライバーは支払い義務が生じるのであれば加入しないと、説明した内容について理解を示されました。

なぜそのようになったのか、その原因を伺うと、ある荷主のところに行った時、ドライバーが大切にされ、ドライバーがその荷主の従業員であるかのように勘違いされ、逆に勤務先の会社が何もしてくれないと考えていたようです。その感情が前に出て会社を困らしてやろうと考えたと本人が話していました。

結局、このドライバーは加入しても10年にも加入暦が満たないので加入するのをやめると本人の意思で取下げられました。

3　労働時間管理をしていなかった事例

次に時間管理や点呼などトラック運送業で行わなければならない管理を一切行っていなかった事業者の事例です。

トラック関係会社から紹介を受けたトラック運送事業者でしたが、国土交通省から弁明書の提出についての通知が送られてきていました。その後、すぐに行政処分が下りました。

⑴　相談：行政処分を受け、弁明書を提出しました。その後はどうすべき?

トラックの保有台数が5台(国土交通省許可申請・最低台数5両)で、ドライバーも5人、そして運行管理者および現場立会人各1名と事業主の8名の小規模事業所でした。そこは、売上歩合給全額での賃金支払い

の会社でしたので走れば走るほど歩合給に反映される賃金システムでした。賃金と連動し、ドライバーのモチベーションが上がっていましたので、長期勤務のドライバーばかりでした。

　それまでは、ドライバーの出入りもなく、客先との関係も良く、問題もなく業務を行っていました。売上は毎日管理していましたが、運転者の労働時間は管理せず、個人に任せていました。客先とドライバーとの信頼関係も良く、配車は客先が行っていました。

　そのようなシステムの運送会社だとわかり、新人ドライバーが入社して時間を全く気にしない売上が上がるような走行を行いました。そこに行政監査が入り、当時一番売上の多い新人ドライバーの日報がカウンターの上に置いてあり、その内容が監査されました。その結果、監査対象である時間外労働時間があまりにも多かったので時間管理等の改善基準告示違反で当時の行政処分となり、車両停止処分を受けました。

　その後にトラック関係者と運送事業者とで「弁明書の提出をしたのですが、その後の事業の進め方について相談がしたい。」と私の事務所を訪れました。

⑵　対応：車両停止期間に安全会議で意識を統一し、休業手当を支給しました

　行政処分は、トラック1台のみが65日車両停止処分となりました。即座にドライバーを集め安全会議を行い、従業員全員で話し合いました。ドライバーに理解を仰ぎグループ分けをしてシフトを組みました。その際も、新人ドライバーに対する苦情などはまったくなく、これからの前向きな方法について具体的な説明をしました。

　保有台数5台のうちの1台が営業ナンバーを返納したので、残ったトラック4台を5人のドライバーでのシフトを組み乗務を行いました。毎

日一人ずつ休業手当(労働基準法第26条)として平均賃金の6割の支払い
をして車両停止期間を過ごしました。2018(平成30)年改正後の行政処分
基準であれば、車両停止どころか事業停止になっていた事案でした。

車両停止処分後の対応は、このように行いましたが、その後、業務内
容を確認したところ、手書き日報のみがありましたが労働時間管理をまっ
たく行っていませんでした。そのほかの書類等、点呼簿などもありませ
んでしたので、運送業を開業したときと同様の一からの改善を行わなけ
ればなりませんでした。

社長には、朝夕の点呼などでしっかりと労働時間管理を行うことを強
く告げ、書類作成支援を行いました。

4 所定労働時間と法定労働時間の誤差に関する事例

労働基準監督署の監督官は、何の前ぶれもなく会社を訪問します。今
回の事例は、運行管理者の法定労働時間と所定労働時間の30分の誤差で、
1カ月の時間外労働が45時間以内になった事例です。

(1) 相談：所定労働時間と法定労働時間が違うと残業代が発生するか

労働基準監督署から監督官が突然会社に訪れ、運行管理者の労働時間
に関して指摘を受けました。法定労働時間は8時間ですが、その事業者
の所定労働時間は7.5時間で法定労働時間よりも30分短く、残業を行うと
所定内残業が毎日30分ずつ発生していました。その運行管理者の普段の
業務は点呼と配車でしたが、たまに忙しくなると乗務することもありま
した。その事業所での運行管理者の選任者として届出されていましたの
で、労働時間の上限は事務職員の45時間でした。

(2) 対応：運行管理者乗務の場合の労働時間は、事務職員でカウントします

その会社の乗務時間はほとんどが夜間であり、その運行管理者が乗務員として乗務するときは、日中は運行管理者として7.5時間業務を行い、休憩後夜間で乗務を行いました。運行管理者とドライバーの両方の業務を行っている場合は、主としての業務の時間外労働の上限が適用されると考えて下さい。

時間外労働の時間カウントは、法定労働時間 8 時間を超える時間よりカウントするので、昼間7.5時間働き、夜間乗務の30分については法定内残業となり、その30分については36協定の上限である時間外労働の割増が発生する45時間にはカウントされません。

しかし、その会社は、昼間の法定内残業の30分も含め夜間業務をすべて時間外労働時間としてカウントしており、法律以上の割増賃金の支払いを行っていました。その30分は、1 カ月45時間の時間外労働にはカウントされないので、1 日30分ずつを控除することにより、36協定での45時間までには至らず法違反ではありませんでした。

ちなみに昼間勤務の30分には法定内残業のため、時間外割増率は発生しませんが、所定労働時間が7.5時間のため、所定内残業代が発生します。

あくまでも、時間外労働は、法定労働時間である 8 時間を超えたものに時間外労働の割増率がかかるので注意が必要です。

【運行管理者の時間外労働】

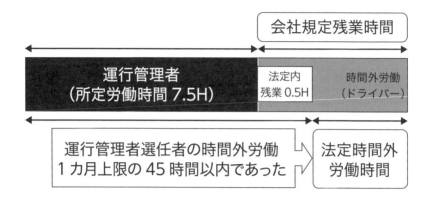

5 各種割増手当および加算手当が割増賃金の支払いと認められた判例
　—富士運輸（割増賃金等）事件（平成27年12月24日／東京高裁判決／労働判例1137号42頁）—

　事件のあらましおよび判決の内容について説明します。

　自動車（トラック）運転手として会社に雇用されていたXが、雇用期間中（2010（平成22）年6月1日から2012（平成24）年2月29日）の間における①時間外労働、②深夜労働および休日労働に係る割増賃金の未払額が合計721万5,568円あると主張した同未払額のうちの661万9,657円＋遅延損害金、同額の付加金＋遅延損害金の支払を求めた事案です。

　Xの賃金に関する労働条件は富士運輸株式会社の就業規則および賃金規程に定める内容について、Xに月々支給された各種割増手当および加算手当は割増賃金の支払であって、本件請求期間の各月に支払われたその各額は対応する各月に発生した割増賃金額よりも多いことから、Xに対する未払の割増賃金は存在しないと認定判断して、Xの請求をいずれも棄却しました。

　裁判所は、労働裁判において、規程や制度よりも会社の姿勢を重視しており、真面目に労働法を順守する姿勢がみられれば会社の主張が通る可能性があります。富士運輸株式会社は、毎月、従業員に 1 日ごとの実際の始業時刻・終業時刻、1 カ月の時間外労働時間数・深夜労働時間数・法定休日労働時間数を明示していました。また、労働基準法に従って割増賃金を算出し、その割増賃金と各種割増手当とを比較した表を作成し、従業員に配布していました。つまり、従業員からすると、自分がどのくらい働いて、どのような計算でどのくらいの賃金をもらえるのかが明確になっていました。裁判所は、会社が真摯に規程・制度の整備と労働時間管理に取り組んでいたことを重視し、このような会社の取組みを評価したのです。

　本件は典型的な定額残業代の事案ではありませんが、現在の定額残業代に対する逆風をあえて知った上で、<u>真面目に取り組む会社の裁量を一定程度認める判決</u>を出したものです。

6　長距離手当が割増賃金として認められなかった判例
―残業代支払等請求事件（平成28年3月30日／名古屋地裁判決／裁判所ウエブサイト掲載判例）―

　この事件は、長距離トラックの運転手が、割増賃金などの支払いを求めた事案です。トラック運転手の業務について、所定労働時間の内外に問わず、走行距離に応じて支払われる長距離手当を割増賃金とするという内容の就業規則の規定があり、長距離手当の支給が割増賃金に該当するか否かが争点となりました。

　裁判所は、長距離手当は割増賃金に該当するか否かを判決するにあたり、労働基準法第37条（時間外、休日及び深夜の割増賃金）の例示に該当

しない場合であっても、割増賃金としての実質性があり、割増賃金としての実質性の部分と実質性を有しない部分が判別できて、実際の割増賃金を算定した場合の額を下回らないことが、ドライバー側で判断できるかどうかによって判断すべきとしました。長距離手当は、法定労働時間の労働の対価に対しても含まれており、特別な労働時間としての部分であるという性質がないと思われ、割増賃金としての実質性を有しないことからドライバーの請求が認められました。

　長距離輸送を行っている会社では、長距離手当を残業代として支払っている会社が多く見受けられます。賃金規程に長距離手当の根拠を明記しましょう。長距離輸送に必要な時間外労働の割増賃金として支払っているのであれば、日ごろから安全会議などでドライバーに理解できるように説明し、その会社としての取組みを見える化しておきましょう。

第7章 売上・利益の維持ができる時間外労働削減

時間外労働の法改正に対しての改善方法などの関心が深まっています。それに伴い、指導方法やこれからの規制に対する対策方法などを知りたいという声が高まりつつあります。最近では弁護士の方々から未払残業代請求のうち、半数以上が運送業のドライバーからの請求であり、特に増えてきているとご相談を受けています。労働時間を短縮し、かつ成果を伴うような改善を行いましょう。

1 労働時間削減の方法

特にトラック運転者の場合の運転業務は、事業所以外での業務となるため労働時間管理が困難と考えられますが、労働時間管理についての問題点の解決は運行記録計により労働時間管理を行うことができます。トラック運送業では、運行記録計に関する法改正が2017（平成29）年4月1日に行われ、総重量7トン以上または積載量4トン以上の車両には運行記録計を装着し、その記録を1年間保存しなければならなくなりました（貨物自動車運送事業輸送安全規則第9条）。

その運行記録計にはデジタル式とアナログ式があり、最近はデジタル式を導入する事業者が増えてきています。それは、デジタルタコメーター（以下「デジタコ」という。）と言われるもので、トラックが移動した場所や時刻および速度などが確認できます。デジタコにはクラウド式やチッ

プ式があります。その装置が運転席に装着され、出発、休憩、待機、帰庫等の各ボタンがあり、運転者が運転の際、そのボタン押しをします。帰庫後の終了点呼の際に、事務所でデジタルタコグラフ(運転日報)をプリントアウトし、運行管理者とドライバーとが対面でお互いに労働時間等の確認をすることとなります。驚くほどの優れものです。そのボタン押しができれば、正しい労働時間管理ができるという訳です。

【デジタルタコグラフ】

(資料出所:トラック事業者提供)

デジタコ導入により労働時間管理が容易となると考えられますが、ドライバーも最初は不慣れなため、管理者は根気強く諦めずにボタン押しの指導をすることが肝要となります。確実なボタン押しができれば、デジタコにより労働時間管理が一度に行え、機種によれば拘束時間管理表などで拘束時間や休憩時間などの改善基準告示内容の指導もでき、業務

の効率化が図れます。

　その方法で、運転者の労働時間管理ができますが、そのボタン押しが正しいのかどうかを確認する必要があります。それを業務終了の終業点呼の際に口頭で行います。

　また、労働時間を短縮する方法ですが、ドライバーの出勤時間を指定していますか。当日、早朝に出発すれば間に合う距離なのに、前日の夜から走行してしまうという質問が多くの会社から寄せられます。ドライバーの走り方はこだわりがあり、先に現場に到着しないと落ち着かない者や時間一杯で走る者などさまざまです。どうせ現場に行くと荷卸し時間まで休憩しているから同じことだと思っていませんか。

　もちろん、休憩ですと拘束時間にはなりますが、労働時間にはなりません。そうしますと、何が問題点なのかを考えてみましょう。

　早朝に出勤し、デジタコの針が動いている間は、労働時間となります。それが、指導しているのにドライバーが勝手に出勤しているので、その時間の賃金は払わないというところが多くあります。それはまさしく賃金未払いになっています。到着しても荷卸しまでの時間は待機時間と考えれば労働時間となります。

　また、ドライバーがトラックに乗車している間は、事業主責任となり、止まっていても何か事故となれば知らないとは言えません。輸送作業などで長時間になった場合は労働時間になりますが、この件のような早朝出勤は必要な時間なのでしょうか。

　しかしながら、ドライバーの立場に立って考えてみると、今まで何の指導もなく自由に出勤し、決められた時刻に遅れることもなく荷卸し場所に行って荷を卸してきたのに、今さら、指定と言われても理解できないと考えられている人もいると思います。

　そこで考えなければならないことは、どのようにすれば理解してもら

えるかということです。ある日突然に、「明日から出勤時間を決めたので、それに従うようにすること、業務命令です。」などと話すと余計に反発するばかりとなり、従ってくれないとなるのです。

また、出庫の際は運行管理者が始業点呼を行います。出勤時刻を指定して、その時間までは点呼をしないで下さい。車両の鍵も、各ドライバー任せに預けている事業所も多く見かけます。点呼の際にアルコールチェックを行い免許証の確認をし、車両の鍵を渡して車両点検を行うのです。鍵を渡しっぱなしにしていて、業務時間外に、その車両でアルバイトなどを行うことにより事故を起こしても、それはすべて会社の責任となります。ドライバーが勝手に行ったでは通らないのです。

ここでの注意点は、

① 車両の鍵は会社保管をする。

② 出発時刻は、前日に会社で指定する。

③ 指定された時間前は点呼を行わない。

ドライバーと向き合って、会社の事情や政府の方針、そして法律などを説明し、2024年問題などで労働時間短縮をせざるを得なくなっているので協力をしてほしいと話をし、寄り添うのです。ドライバーが理解できれば、行動が変わります。

普段から、会社の規律を守ることは大切なことであり、それがなければまとまりがなくなってしまいます。けれども、それを盾に業務命令となると、今度は労働者の権利などということに成り兼ねないと思われます。

ちまたで起こっている労使紛争も、少しのボタンの掛け違いが多く、話合いをすれば解決することも多くあったと思います。それが、お互いに権利だ、義務だとなり、収拾がつかなくなり労使紛争となり意地の張合いとなります。お互いに理解し合えば労使紛争は起こらないのです。

ドライバーの協力を得て出発時刻を指定することも時間外労働の短縮

に大いに繋がります。毎日の業務に必要ではない時間は貴重であり、積み重なると驚くほどの時間数となり、その時間が短縮されるのです。

　また、事例ですが、前日に宵積みをして翌朝に同じ現場でトラック4台の荷卸しをする場合を考えます。早朝から荷卸し場所に向かった訳ですが、うち3台は午前5時半くらいから車庫を出発しました。しかし1台は3時半頃から出発し、現地で早々に到着してドライバーは荷卸しまでトラックの中で寝ていました。寝ている時間を待機時間と考えると労働時間とともに拘束時間が他の3台より2時間ほど長くなります。

　その2時間を休憩時間にすれば同じではないかと考えることもできますが、不要な拘束時間の延長となり、そのトラックに乗車している間のドライバーに対しては、事業主責任がかかってきます。そのドライバーには再三指導を行いましたが、出勤時刻を変えることができませんでしたので、始業点呼を5時半までせず、トラックの鍵を渡さないようにして改善しました。拘束時間の短縮と共に労働時間も短縮された事案です。

　余談ではありますが、トラック1台に対してドライバーに責任を持たせて、整備や洗車などを行わせている会社は多くあります。しかし、そのトラックの鍵を渡しっぱなしにしていることの会社に対するリスクは考えれば考えるほど恐ろしいものがあります。トラックではありませんでしたが、社用車の鍵を会社で管理せずに日常に渡しており、その社用車で死亡交通事故を起こし、その事業主は他人事のようにテレビインタビューに答えていた事件がありました。営業用のトラックの鍵は会社で保管し、始業点呼の際に渡し、終業点呼の際に回収するようにしましょう。

　労働時間を短縮できれば、その成果に対する生産性を上げなければなりません。成果を上げる働き方ができるように無駄な部分や改善方法などを現状分析してみます。

　①　個々のドライバーの走行距離や燃費状況（ドライバーによる比較）

② ドライバーの体力や器量などに対する適材適所(人員配置や作業の流れ)

③ 運行管理者の管理手法の確認(不公平に配車をしていないか)

④ 運用できる評価制度等のしくみ作り(社内で作成する簡単な内容)

などを考え、内容を分析したら、これからの方法、進め方、具体的な方針などのしくみ作りをします。

ドライバーの走行や作業は、要領よく考えながら行っている者と、そうでなく時間ばかりをかけている者がいます。会社にとっての生産性の向上は手際よく作業を行うドライバーの育成でもありますので、ベテランドライバーに協力を仰ぎ、リーダーになってもらい他のドライバーに対する教育を行ってもらうのも良い方法であると考えます。その内容が決まれば、これを見える化し、課題と成果を確認しながら、短期、中期、長期に分けて、継続的に取り組みます。

生産性向上のため、時間あたりの成果を見える化し、それを評価する方法もあります。手の遅い、時間ばかりがかかるドライバーの残業時間の削減を目指し、ドライバーの効率化を図れるしくみ作りをしましょう。

2 労働時間短縮による売上・利益の維持

ドライバーの労働時間の短縮についても利益を維持することができます。高速道路の有効利用と無駄な待ち時間を減らし、少しでもドライバーの休憩時間を増やすことが重要です。長時間労働は、ドライバーの健康を害し事故につながりやすいからです。

2023(令和5)年度末までの時限立法である標準的な運賃の届出を行い、原価計算を行った上で、事業所での改善を考えて下さい。そして、その努力の結果を持って荷主へ運賃値上げ申請を行うことができると考えま

す。一度の値上げ交渉で上手くいくところは難しく、わかって頂くまで頑張ることとなりますが、この燃料高騰の中、運賃値上げは今だと思います。

　値上げ交渉に持参する書類

①　標準的運賃の届出書(国土交通省の受付印があるもの)

②　原価計算した書類(燃料等の値上率など)

③　値上げに関するお願い

④　会社での努力の成果がわかるもの

　ここで客先でのドライバーの現場仕事の方法と、日頃の荷主と管理者とのコミュニケーションが発揮されます。運賃値上げに行ったのに、逆にドライバーの態度が悪いと荷主よりお叱りを受けた例もありました。

　しかしながら、普段よりドライバーが頑張っている姿を見ている荷主に、この運送会社を手離してはいけないと考えて頂ければ、運賃が上がり、ドライバーの労働時間が減少すれば業務の効率化となり、利益が維持できます。この交渉には、必要な原価計算などや自社で頑張った改善の結果などを持参するのです。

　そして、その原価計算に必要となる賃金関係書類や雇用契約書などは、正しい記載や保管をしておかなければなりません。

　賃金規程や雇用契約書での記載内容の落とし穴に注意しましょう。

　それには、正しい労働時間管理を行うことが前提となりますが、賃金規程、賃金明細、賃金台帳、そして雇用契約書の項目を同じにすることが必要となります。たとえば、賃金規程には基本給と示されてはいますが、賃金明細には、歩合給などと記載されている内容が一致していない会社が多く見受けられます。

　それでは、その賃金規程や雇用契約書に記載されている手当等の項目と、実際の計算方法は同じになっているのでしょうか。

(1) 賃金規程

賃金規程とは、事業所で賃金を支払うために、支払項目などの根拠を示したものです。

就業規則は会社のバイブルで、その中に賃金規程があります。その賃金規程は、賃金のそれぞれの項目の根拠を示さなければなりません。たとえば、役職手当は、「その役職の地位にあるものに一定の金額を役職手当として支払う。」などと記載されていますが、それは、どの役職がいくらの手当を支払われているのかが記載されておらず、事業主の気持ちひとつで金額が変わるという会社もあります。それは従業員に対しての平等な規程とは言い難く、紛争が起きた際にはおそらく不利な状況になると考えられます。

また、実際に支払われている内容と賃金規程の内容との齟齬はありませんでしょうか。もし、大幅に内容が違うのであれば、即刻に賃金規程を現状の支払い方法で作成して下さい。新しく賃金構築をするまで保留などとしていると、その間に問題が起こった場合の実際とは違う賃金規程では、規程の役目を果たすことができません。

(2) 賃金明細(給与明細)

賃金明細(給与明細)とは、賃金の支払い時に労働者に渡す明細で、金額などの内容を示すものです。

各従業員によって金額が違うものであり、その各項目についての内容を賃金規程に則って記載され、合計額が総支給額となり、そこから税金や社会保険料などを控除されたものが支給されます。

ここでの注意点ですが、ドライバーの求人や面接の際に、面接官はこの支給額である一般的にいわれる手取額で説明されるところが多く見受けられます。手取額は税金などが控除された額なので、扶養家族の人数

などにより控除額が変わります。必ず面接などの際は、総支給額での説明をしましょう。

⑶ 賃金台帳

賃金台帳とは、賃金明細を従業員別、月別などでまとめた台帳です。

賃金台帳には労働時間数、時間外労働時間数、深夜労働時間数、休日労働時間数の記載が必要となります(労働基準法第108条)。記載がないと労働基準法違反で是正勧告となります。

⑷ 雇用契約書

雇用契約書とは、会社と個々の従業員との契約を示した書類です。

最近では、就業規則はもちろんのこと、それ以上に雇用契約書が重要視されていますので、作成をされていない場合は、即時に従業員全員の契約書の作成を行って下さい。

増え続ける労務トラブルには、従業員の退職後に残業代の請求が増えており、未払請求の約半数以上が運送業であるといわれており、サービスエリアなどで未払請求のパンフレットが配られているとのことです。

また、労災で休業中に残業代請求をし、労使折半で支払わなければならない社会保険料を残業代と相殺した強者もいたそうです。

残業代の請求には、主として3パターンがあります。

① 本人請求や代理人弁護士による請求

② 退職後に労働基準監督署に申告

③ 合同労組(ユニオン)に加入

割増賃金(残業代)未払いに対する労働基準法の罰則は、「6カ月以下の懲役(編注:刑法等一部改正法により拘禁刑に改正される予定)または30万円以下の罰金」であり、賃金請求権の消滅時効は2020(令和2)年4月1日の法改正によって3年間となりましたので、第8章で述べる賃金債権の消滅と同じとなります。それに従業員の人数を掛ける金額の発生

が考えられ、会社に大いなるダメージを与えることとなります。

　もし、賃金未払いが訴訟となり、裁判所が割増賃金の支払いを判決で命じた場合は、割増賃金に同額の付加金の支払いが加えられる可能性があり、未払残業代に対して、不払い時点から遅延損害金の請求が必要となる場合があります。

　正しい労働時間管理を行い、正当な時間外手当等の支払いを行えば数々のリスク回避となり、利益を維持することができます。

第8章 中小規模事業者が今着手すべき対策とポイント

　労働時間管理について「そんなこと、できていますよ」と告げられる会社も多いかと思われますが、それが正しい労働時間管理なのか、今一度、確認して頂きたいと思います。数多くの労働時間管理についての、ご質問がありますが、たまに「えっ？」というような、場面に遭遇します。トラック運送業での従業員100人前後の会社から、時間管理についての現状の確認についての問い合わせが増えてきています。

　最近は、トラック運送業者やドライバーが二分化され、改善基準告示の労働時間に対して時間管理を行って守っていこう、どのようにすれば守れるのかと考える会社と、どうせ守ることができないのであれば、今のうちに労働時間など法律順守は無視をして売上を上げておこうと実践されている会社とがあります。私の事務所に相談に来られる会社は前者の方が多く、後者は来られません。

　先日、ある方から、「運送会社も、法改正により、どんどんと少なくなっていくのでしょう？　対応できない法律があっても、会社は苦しむだけなのではないですか？」などの質問がありました。一から労働時間管理を行おうと思われているのであれば、できないと考えるのではなく、取り急ぎ取り掛かって下さい。もう時間はありません。2024年問題対策に繋がる労働時間短縮を行い、時間外労働60時間超え割増賃金率150％にも対応できる状態にしましょう。

　さらに、トラック運送業でのセミナーに登壇すると、「対応が難しい

法律の規制事項に対して、どうすれば良いのか。」などとよく問われます。その回答については、質問に質問を返すようですが、質問した方にどのように考えておられるか聞いてみることにしています。実際、労働時間管理は難しいと心の底では思っている方が多くおられるようです。基本に戻って、できることから労働時間管理を行いましょう。

1 労働時間管理の手順

　ドライバーの長時間労働が問題となっている中で、拘束時間短縮に向けて今後も次々と法改正が行われます。法改正が行われてから対応すれば良いと考えていませんでしょうか。さまざまな考え方がありますが、今、現在の改善基準告示の時間管理が守られていないと考えているのに、今後、さらに厳しい基準となることが見込まれる状況で、先延ばしにすることは得策とは言えません。一刻も早く、対応することを強く願います。

　創業当時から受け継がれた方法で、時間管理をされている会社が多いと思いますが、これから記載する労働時間管理の手順をできるところから試してみて、不明な点などは、専門家等の方々に相談して内容を確認するのも一つの方法です。

　専門家に相談するだけですべてが改善できる訳ではありません。しかし、一つの改善に向かうきっかけとなれば良いという思いです。

　私自身、専門家として相談を受けている中で、業務を遂行するのに必須なこの部分が法違反だから法順守など到底無理、荷主がやってくれない等の相談が多く感じられます。

　また、守れない、できない、できるはずもないなどと最初からマイナス思考となり、どこから手をつければ良いのかがわからず、到底無理であると考えている事業所も多いです。

　今まで長年行ってきた方法が良くないのであれば、その方法を別の方法に変えていかなければなりません。変えなければ何も変わらないのです。最初からすべてができている会社は皆無に等しいと思います。会社が100社あれば、100通りの考え方があるように、100通りの改善方法があります。

　結局、守れる、守れないと考える前に守りたいという気持ちがなければ、前に進むことはできないと思います。法違反の有無に関わらず、まずは、現状の把握をすることが先決です。そして、その状況がわかると必然的にどの部分が法的に守れていないのかが見えてきます。

　それでは、時間管理を行っていきます。厚生労働省の「トラック運転者の労働時間等の改善基準のポイント」を厚生労働省のホームページより用意して下さい。

トラック運転者の労働時間等の

改善基準のポイント

厚生労働省労働基準局

はじめに

　トラック運転者の労働時間等の改善を図るため、労働大臣告示「自動車運転者の労働時間等の改善のための基準」（改善基準告示）が策定されています。以下はそのポイントです。

ポイント 1 拘束時間・休息期間

　改善基準告示は、自動車運転者の労働の実態を考慮し、拘束時間、休息期間等について基準を定めています。

（1）拘束時間

　始業時刻から終業時刻までの時間で、労働時間と休憩時間（仮眠時間を含む。）の合計時間をいいます。

（2）休息期間

　勤務と次の勤務の間の時間で、睡眠時間を含む労働者の生活時間として、労働者にとって全く自由な時間をいいます。

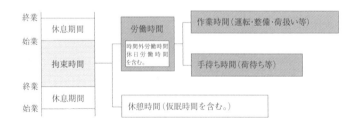

※　労働時間には、時間外労働時間と休日労働時間が含まれますので、その時間数・日数をできるだけ少なくして、改善基準告示に定める拘束時間を遵守し、休息期間を確保してください。

（資料出所：厚生労働省労働基準局「改善基準のポイント」）

　デジタコやチャート紙である運行記録計と日報（手書きなど）、点呼簿など時間に関する書類も必要です。

① 個々のドライバーの拘束時間を算出します。

　終業時刻より始業時刻を差し引くと拘束時間が残ります。しかしながら、この拘束時間は労働時間ではなく、労働時間に休憩時間を加えたものです。拘束時間を短縮できれば、必然的に労働時間も短縮となる場合も多いに考えられます。拘束時間は16時間が上限で15時間を超えるのは週2回までです。長距離輸送の場合は、長時間労働になりやすいですが、この16時間以内に収まるように工夫します。始業時刻より24時間以内に拘束時間16時間以内、休息期間継続8時間以上が必要となります（改善基準告示見直しは、第9章を参照して下さい。）。

② 労働時間を算出します。これは賃金が発生します。

　拘束時間より休憩時間を差し引くと労働時間が残ります。この労働時間を削減するためには、拘束時間の短縮と休憩時間を多く取る必要があります。労働時間の中には、運転時間と手待ち時間と作業時間があります。手待ち時間については、社内基準を作成しましょう。荷積荷卸し時間や、手待ち時間（待機時間）などは、労働時間にカウントすることが必要となります。デジタコなどを搭載しなくてよい車両（2トン車など）は、日報に必ず、休憩の場所と時間を記入して下さい。

　しかし、そこで考えなければならないのは、そのデジタコなどの待機時間に休憩時間が含まれている場合があることです。たとえば、工場などの積込み現場の方々が休憩しているお昼休憩時間などは、ドライバーの労働時間とは考えられないことがあります。その辺りは、運行管理者とドライバーの間でデジタコを見ながら修正を入れて下さい。それだけでも、相当な時間短縮ができます。

③ 休憩時間は、賃金が発生しません。

　労働基準法での休憩は一斉休憩となってはいますが、自動車運転者では、一斉休憩の適用除外となっています。ドライバーは自由な時間に休憩を取ることができます。デジタコなどでの休憩時間は、針が動いていない部分が休憩時間となります。

④ 拘束時間管理表に、始業時刻、終業時刻、休憩時間を記入すると労働時間がわかります。

⑤ デジタコの場合は、拘束時間管理表を出せるものもあります。

⑥ 勤怠は、1日ごとで計算します。

　1日ごとに、所定労働時間が8時間の場合は、8時間を超える時間に時間外労働の割増が発生します。所定労働時間が7時間30分の場合は、8時間までの30分は法定内残業が発生しますので、時間外の割増は発生しませんが、30分の残業代が発生します。

【例：時間外労働の割増率［所定労働時間が午前9時から
午後5時（休憩時間1時間）までの場合］】

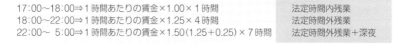

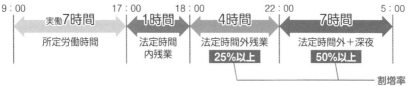

（資料出所：東京労働局「しっかりマスター労働基準法―割増賃金編―」）

⑦ 次は、1週間40時間を超える時間に対して割増賃金の支払いが必要となります。法定労働時間の1日8時間、1週40時間を超える時間に労働を行うと時間外割増が必要という意味です。

【時間外手当が必要なケース】

1日8時間、1週40時間のいずれかを超えたら時間外手当を支払う必要があります。（週の労働時間は日曜日から起算します。）

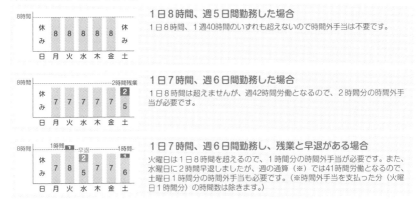

1日8時間、週5日間勤務した場合
1日8時間、1週40時間のいずれも超えないので時間外手当は不要です。

1日7時間、週6日間勤務した場合
1日8時間は超えませんが、週42時間労働となるので、2時間分の時間外手当が必要です。

1日7時間、週6日間勤務し、残業と早退がある場合
火曜日は1日8時間を超えるので、1時間分の時間外手当が必要です。また、水曜日に2時間早退しましたが、週の通算（※）では41時間労働となるので、土曜日1時間分の時間外手当も必要です。（※時間外手当を支払った分（火曜日1時間分）の時間数は除きます。）

（資料出所：東京労働局「しっかりマスター労働基準法―割増賃金編―」）

⑧　時間外労働と深夜労働、休日労働は、全く別のものと考えて下さい。時間外労働は、法定労働時間を超えた時間労働を行った場合に割増賃金が発生し、その時間を1日ごとに計算し、1カ月集計したのち割増率を乗じて労働者に支払うことになります。これが、法改正での60時間超えの割増率が50％になるという部分です。

⑨　深夜労働は、22時より5時までに労働した時間を1日ごとに計算し、1カ月間の深夜労働の時間を集計して下さい。現在の割増率は25％です。ここでよく間違われることがあります。それは、始業時刻が22時の場合は、その時刻から24時間とカウントするのですが、22時から時間外割増と深夜割増の50％で計算していた会社がありました。

　実際は、始業時刻の22時からの所定労働時間8時間と計算しますので、労働時間が8時間を超えたところから、時間外労働の割増が発生します。深夜労働は、シンプルに毎日時間のみ計算し、1カ月分の割増率を乗じて下さい。

⑩ 休日労働は、改善基準告示の場合は、休息期間継続8時間＋休日24時間の継続32時間なければ、休日とは認められません。休息期間の分割の特例を使用した場合は、継続30時間以上となります。休日労働の割増率は35％です。休日は、労働基準法35条で、労働者に対して、毎週少なくとも1回の休日を与えなければならないので、起算日より7日間のうち、最後の勤務の日に対して支払われます。ここで注意しなければならないことは、就業規則などで法定休日は日曜日と記載した場合は、他の日を休んでいても、日曜日の度に休日手当の支払いが必要となります。

【法定休日労働の割増率［午前9時から午後12時（休憩時間1時間）まで労働させた場合］】

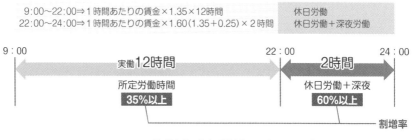

（資料出所：東京労働局「しっかりマスター労働基準法―割増賃金編―」）

【割増賃金は3種類】

種　類	支払う条件	割増率
時　間　外 (時間外手当・残業手当)	法定労働時間(1日8時間・週40時間)を超えたとき	25%以上
	時間外労働が限度時間(1か月45時間、1年360時間等)を超えたとき	25%以上 (※1)
	時間外労働が1か月60時間を超えたとき(※2)	50%以上 (※2)
休　　日 (休日手当)	法定休日(週1日)に勤務させたとき	35%以上
深　　夜 (深夜手当)	22時から5時までの間に勤務させたとき	25%以上

(※1)25%を超える率とするよう努めることが必要です。
(※2)中小企業については、2023年4月1日から適用となります。

(資料出所：東京労働局「しっかりマスター労働基準法―割増賃金編―」)

⑪　法定労働時間などを考えずに、1カ月の総労働時間を集計して、法定労働時間の(1カ月平均の173時間(年52週×40時間÷12カ月≒173時間))を差し引き、残った時間を時間外労働として残業代の支払いをしている事業所もありました。正しい時間計算とは異なり、毎月に未払い残業代が発生しています。

⑫　トラックドライバーの時間管理は、始業時刻より24時間をカウントします。事務職員とは異なりますので、運送業の場合は、ドライバーと事務職員の2通りの算出が必要となります。

⑬　これで、労働時間、時間外労働、深夜労働、休日労働の1カ月分の算出ができました。この現状を踏まえて、事業所でできる限りの時間短縮を行い、その効果を持って荷主に時短の協力を仰いで下さい。

　トラック運送業は、人に関する法律と車両に関する法律を順守することが必要となります。そして、自動車運転者であるトラックドライバーの労働時間は、一般的に長時間労働となりやすいと考えられるため、特にこれからは、労働時間短縮について早急に対応しなければなりません。

　また、その長時間労働に対しては、使用者に対して安全配慮義務が課

せられており、「使用者は、労働契約に伴い、労働者がその生命、身体等の安全を確保しつつ労働ができるよう、必要な配慮をするものとする。」(労働契約法第5条)と定められています。

　時間外労働を削減しようと考えれば、まずは、どの辺りに必要でない労働時間があるのかどうかの現状の把握が必要となります。どうせ、労働時間短縮なんてできようもないと考えてはいませんでしょうか。

　まずは、法順守を考えながら、現状の把握をしましょう。

【拘束時間の計算方法】

（資料出所：厚生労働省京都労働局）

　実際に1日の拘束時間を確認しましょう。

ア　月曜日は6時が始業時刻で、そこから火曜日の6時までが1日とします。月曜日の拘束時間は6時から18時までの12時間ですが、火曜日の始業時刻が4時で月曜日の24時間の中に4時から6時の2時間が含まれているため、その2時間がダブルカウントされ月曜日の拘束時間となり合計14時間となります。ただし、このダブルカウントは1日

の拘束時間のみに適用され、1カ月や1年についての拘束時間は実拘
束時間でカウントすることとなります。

イ　火曜日の始業時刻は4時で終業時刻が20時のため、拘束時間は16時
間となります。

2　労働時間に対する賃金支払い

どのようなことについても、すべて時間が関わってきます。毎日の売
上の把握はできているが、売上歩合制をとっており、ドライバーも納得
しているので何の問題もないという相談が多く寄せられます。何の問題
もないと言いつつ相談にお越し下さるというのは、これで良いのか、こ
の方法で良いのかと疑問に思われているからだと思われます。

たとえば、トラック運送業の賃金の支払い方ですが、「賃金＝時間」と
はなりづらい業種であるため、走行回数に応じた歩合を支払っている事
業者もいます。しかし、運送業も労働時間管理が必要であり、売上歩合
での支払いも労働時間管理をし、1日8時間を超える時間についても割
増賃金の支払いが必要となります。歩合支払いであっても最低賃金を超
える賃金設定が必要となりますので注意して下さい。

また、歩合制についても、残業代である時間外労働割増や深夜手当な
どが発生し、ドライバーが退職後、弁護士より内容証明が届く可能性が
多くなりました。その金額も年収以上の額が請求されるのも珍しくあり
ません。その請求額も一番長い日の残業時間を請求勤務期間すべてにか
けて算出されており、驚く計算方法のものもありましたので、もし、請
求が来た場合でもすぐに支払いはせずに会社でその労働時間や金額が正
しいものか、必ず精査するようにしましょう。よく1週間以内に振り込
むことなどと内容証明に記載がありますが、会社名などで、丁寧に精査

する時間を頂きたいと必ず返事をして下さい。未払残業代がない場合でも、返事を出さないことは、あまり賛成はできません。

あのドライバーだけには支払いたくないと社長の強い意志もよく聞く話です。その気持ちもわからない訳ではありませんが、もし、支払わなければならない未払い残業代があれば、それを早急に支払い、心のわだかまりを解消しましょう。

未払賃金などがあれば、それに関わる時間などが必要となり、気持ち的にも大きな負担となります。

正しい労働時間管理の上で、従業員に対して働いて頂いた分を計算し、支払わなければならない賃金を支払うことで、労使間の信頼ができるのではないでしょうか。

⑴　法改正による賃金債権の消滅

労働基準法の改正により、一般的に言われる時効である賃金債権の消滅について2020（令和２）年４月１日より、当分の間、３年間となりました。いずれは５年となります（法律条文では５年と明記されています。）。

そして、2020（令和２）年４月１日が法改正の施行日となりますので、その日以前の過去３年間が時効になるのではなく、実際に影響するのは、その２年後の2022（令和４年）年４月１日からとなります。その日以後、１日１日が2023（令和５）年３月31日までの請求日から遡りの計算となります。よって、2023（令和５）年４月１日からの施行日の2020（令和４）年４月まで遡りますので、その時点で時効が３年間となりました。

【消滅時効期間】

この1年間の間に請求があった場合は請求日からR2/4/1まで遡った期間が有効

R5/4/1以降は時効3年

　また、時効が3年になった時点で、時間外労働の未払いの請求を考えると、期間が2年から3年になったと同時に、金額的には請求額が1.5倍以上の計算となりました。

　たとえば、給与40万円、所定労働時間173時間、残業時間80時間の場合

 2年分の場合

　給与40万円÷所定労働時間173時間×125%≒2,891円（残業単価）

　2,891円×80時間＝231,280円

　231,280円×12カ月＝2,775,360円

　2,775,360円×2年間＝5,550,720円

 3年分の場合（2023（令和5）年4月1日以降）

　上記　2年分＋1年分ではありますが、追加1年分の60時間超え時間外労働割増率が150%に変更になります。

　給与40万円÷所定労働時間173時間×150%≒3,469円（60時間超えの残業単価）

　3,469円×20時間　＝69,380円（60時間超え20時間分）

2,891円×60時間　＝173,460円(60時間までの分)

(69,380円＋173,460円)×12カ月　＝2,914,080円

2,914,080円(3年目)＋(2,775,360円×2年間)＝8,464,800円

　これは、基本給40万円の中に残業代も含まれていると、事業主とドライバーが口頭で採用の際に約束をしたと事業主が主張した事例です。ドライバーが退職後すぐに残業代の支払いがなかったと請求がありました。決して珍しくなく、よくある案件です。お互いの言い分には齟齬がありましたが、80時間の時間外手当すべての支払いを行っていない場合となり、法改正後には、800万円を超える金額となりました。これに加えて、長距離輸送の場合などに発生する深夜手当(22時から5時)や休日労働(法定休日)の残業代が加算されることとなります。

(2)　定額残業代の残業時間と金額について

　人材募集のために定額残業代いわゆる固定残業代の支払いを毎月行っている事業所を見かけます。そこで注意して頂きたいことは、その名目を業務手当や乗務手当など、賃金規程を確認しないと残業代とわからない名目を付けないこと、つまり、手当などの前後に残業代と一目瞭然となる名目にして頂きたいと思います。○○残業手当と手当の名前自体が説明してくれます。しかし、残業代と付ければ、それがすべて残業代と認められるかどうかは、その内容により判断されます。

　一般従業員の場合の時間外労働の上限は月45時間であり、年間360時間です。運行管理者などは、点呼などの業務で長時間労働になりやすいので、必ず特別条項の届出を行います。運行管理者や点呼要員などは、定額残業代の残業時間の上限は45時間となり、その時間より金額が決定します。

　しかし、現在は、自動車運転者については36協定の上限規制の適用除

外であり改善基準告示により上限時間が決まっていますが、実際には80時間以内が望ましく、残業を行わないのであれば残業時間の必要以上の枠をとることはないかと思います。法改正により時間数の変更があれば、その内容に沿った上での時間数変更を行って下さい。ドライバーについての定額残業代は残業があるのであれば、その残業時間を計算するようにします。

　一般従業員や自動車運転者においての定額残業代は、その法律などで決められた時間数をはるかにオーバーするような時間数や金額を支払っている運送事業所があります。その意図は、残業をさせようと考えているのではなく、ドライバーに支給する額を増やすためのように伺えますが、その時間数は残業するために設定している時間と考えられてしまうので、その方法はお勧めできません。入社するドライバーに求人広告に100時間定額残業代とありますが、実はそんなに残業がありませんと言いましても、ホントかなと疑惑を持ちながらの勤務はいかがなものかと思います。

① 　賃金規程(就業規則)と雇用契約書(労働条件通知書)は重要であり、両方に定額残業代の内容を記載する。

② 　賃金の各項目の根拠を賃金規程に明記し、各名目で賃金規程、雇用契約書を作成する。

③ 　定額残業代は、時間数および金額の明示の両方が望ましい。

④ 　定額残業代の支払いがあっても実際の残業代の計算は必要となり、定額残業代より実際の残業代が多い場合は、その差額を支払う旨を賃金規程に記載する。

⑤ 　定額残業時間数は、限度時間に注意しながら部署ごと人ごとに分けても良いが、その違いの理由を述べられるようにしておく。

定額残業代、いわゆる固定残業代については、雇用契約書の記載が重

要となっており、判例により、以前はどれだけの時間分であるかを明記しなければなりませんでしたが、その判例内容も規定と共に実態を重視され、判断にも変化が伴ってきました。

正しい労働時間管理を行い、間違いのない残業代の支払いをすることにより、未払賃金請求による残業代支払等の無駄な出費がなくなります。また、労働時間管理による労働時間短縮により、人件費の削減となります。

⑶ 歩合給の計算方法

歩合給を採用した場合、歩合給がどのような計算で算出しているのかを賃金規程に記載する必要があります。よくあるパターンは、歩合給は、売上金額に売上パーセンテージを乗じて算出する方法が採用されていますが、その歩合給の残業代である時間外労働の計算の際は、その歩合給を総労働時間で除して0.25を乗じた上で残業単価を算出します。

しかし、実際の歩合給の算出方法は、売上金額から高速代などの経費を差し引いた金額に売上パーセンテージを乗じているところが多く見かけられます。もし、残業代未払いの申告となった場合は、売上金額には、経費を差し引くとの記載がなかった場合に、その差し引いた高速代などの経費も売上金額に参入しなければならず、その分が未払いとなっている可能性があります。

【売上金額より高速代を差し引くと記載がある場合とない場合】

○　歩合給　（売上金額―高速代）×○％

×　歩合給　　売上金額×○％

売上金額より高速代等の経費を差し引いて計算する場合には、賃金規程に明記しておきましょう。賃金の支払い方法を全額歩合給にした場合は、一定の条件はありますが、時間外労働の金額が大幅に削減できます。

3　荷主との交渉

⑴　国土交通省による「荷主勧告」

　昭和世代といわれる一世代前では、荷主様は神様ですと教え続けられました。しかしながら、その時代も変わり、運送事業者も、それだけでは業務が滞る場合も出てきたように思います。どのような場合でも、断るという形をとるのではなく、合法的に物事が行われるようにとの話合いをします。それを行うためには、日ごろからの荷主とのコミュニケーションが重要で、協力を仰ぐことが必要となります。

　国土交通省より、荷主企業の皆さま向けにリーフレットが作成されました。それは、ドライバー不足の原因が他産業より約2割長時間労働であり約2割低賃金のため、ドライバー確保のための「賃金アップ・労働時間減」の必要性を訴えています。このままの状態だと2028（令和10）年度には、ドライバーが28万人不足するとの予測もたっています。

　これは、国土交通省により公示された「標準的な運賃」を荷主企業の皆さまに理解頂くことを趣旨としています。トラックドライバーには「働き方のルール」があり、それを順守するためには、荷主企業の協力が必須となります。

　その内容は、改善基準告示の1日の拘束時間は原則13時間以内で最大16時間以内（15時間超えは1週間2回以内）、1カ月は293時間以内、休息期間は継続8時間以上、運転時間は2日平均1日あたり9時間以内、2週間平均で1週間あたり44時間以内、連続運転時間は4時間以内などです（改善基準告示見直しは、第9章を参照して下さい。）。

　さらに、年5日の年次有給休暇の取得はすでに義務づけられており、中小企業の月60時間超えの割増賃金率が50%以上となり、自動車運転者の残業時間の上限規制が年960時間と規制されます。そのルールに違反

すると「6カ月以下の懲役〔編注：刑法等一部改正法により拘禁刑に改正される予定〕または30万円以下の罰金」が定められています。

　罰則といえば、荷主に対しても国土交通省の「荷主勧告」が発動されます。その「**荷主勧告**」とは、貨物自動車運送事業法第64条に基づき、トラック運送事業者の過積載運行や過労運転防止措置義務違反等の違反行為が荷主の指示によるものと認められるときは、国土交通大臣が荷主に対して勧告するものであり、**勧告を発動した場合は、荷主名および事案の概要が公表**されます。

　また、勧告に至らないものの違反行為への関与が認められる荷主に対する「警告」や関係機関からの法令違反情報等より荷主を特定し早期働きかけによる「協力要請」措置が通達により設けられています。

　荷主の指示に基づき行われたトラック事業者の法令違反の例を紹介します。

① 　荷主都合による長時間の荷待ち時間が恒常的に発生している場合は、改善基準告示違反を招くおそれがあります。倉庫の積込みで、ほとんど5時間以上待ちがあった食品でしたが、今は予約制となり、ほとんど待ちがなくなりました。あきらめずに、荷主との交渉が成功した事例です。

② 　適切な運行では間に合わない到着時間の指定は、最高速度違反を招くおそれがあります。積込み時間と到着場所までの距離がわかれば、必然的に速度が計算できます。ベテランになればなるほどドライバーは、延着をしたくないと速度違反で到着時刻を厳守しようと頑張ります。そのような時に、ドライバーにとって過重労働となり、事故は起こりやすくなります。

③ 　自然災害や交通渋滞等やむを得ない事情による遅延に対してペナルティを設定するなどは、優越的地位の濫用にあたるおそれがあり、

この場合は防ぎようがない場合が多いかと思われます。荷主の皆様には、この状況を理解して頂きたいとお願いし、ドライバーから連絡を行うこと、また、そのような場合の規定の作成などを行いましょう。

　ここで、考えなければならないことは、自然災害や事故等による交通渋滞の場合は、その車両だけでなく他の車両等も影響が出ます。そのような場合は、日報には必ず記載し、終業点呼の際にドライバーから報告させ、点呼簿にも記載して下さい。後々の監査、監督の際に拘束時間の違反延長があった場合、その判断に影響されるかどうかはわかり兼ねますが、当時の事実がわかります(改善基準告示見直しは、第9章を参照して下さい。)。

④　積込み直前に貨物量を増やすように指示され、重量違反等となるような依頼は、過積載運行を招くおそれがあります。

【荷主勧告の対象となる行為】

（資料出所：国土交通省、厚生労働省　公益社団法人全日本トラック協会「荷主の皆さまへ　ご存じですか？トラックドライバーバーの労働時間のルールを」）

- 改善基準告示違反になるような長時間の荷待ちが疑われる場合は、労働基準監督署から荷主等に対して「要請」を行います。
- また、厚生労働省から国土交通省に情報提供を行い、国土交通省から荷主等に対して法に基づく「働きかけ」等を行います。
- 発荷主に加えて、着荷主や元請運送事業者についても「要請」「働きかけ」等の対象になります。

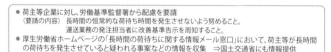

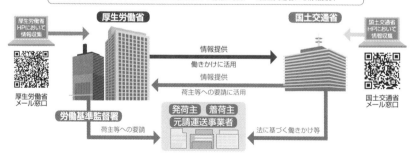

（資料出所：公益社団法人全日本トラック協会、国土交通省、厚生労働省「令和6年（2024年）4月から適用トラック運転者の改善基準告示がかわります！」）

⑵　過積載の対策や積残しの対策

　過積載については、鋼材物が多く見受けられるようで、その過積載であるオーダーが今までは客先も意識なしで行われていた時代もありました。以前は、高速道路などで過積載防止のため、途中で止められ重量計に乗せられ重量が適正かどうかを調べてはいましたが、今では、高速道路のインターチェンジを通ると、自動的に計量されています。主にトレーラーでの過積載が多いと考えられており、その辺りでの客先の意識改革を仰がなければなりません。

　その対応に関しては、客先より頂くオーダーなどに記載されている重量を確認して下さい。最大積載量は、各車両によって変わりますが、おおよそのトン数で過積載になっているかどうかは確認できます。客先の伝票は、荷物そのものの重量であるため、積載するときに使用するパレット、道具などの重量は入っていませんので、それを考えた上で重量確認をします。そして、過積載が判明したら客先に連絡し、その旨お知らせ下さい。

　「少し、重量が多いように思います。もし、過積載などで摘発された時は、荷主様にも、ご連絡が行くようです。その際の、ご対応をお願い致します。」このように伝えますと、追加になった商品などを積むための小さいトラックなどの追加配車や、日にちを延期するなどの処置がなされました。

　客先で積込みを行い、出発した後に積残しがわかった場合は、そのドライバーに連絡を行い、戻ってこなければいけないことがありました。携帯ですぐに連絡が取れたためです。しかし、それはドライバーが荷物を積み忘れたのか、工場での積込み作業員が忘れたのかと責任の追及が始まります。

　大体、積残しが発覚する時間は、すべての積込みが終了した際の、夕方が多いかと思われます。ドライバーは、荷卸し場所に向かって走行し

ており、それを戻すことはドライバーの疲労を及ぼし長時間労働となり、往復の時間と積込みの労働時間がプラスされます。

「ドライバーに連絡を取っていますが、社則により運転途中は電話を取らないように指導しておりますので、無理なようです。申し訳ありません。」と、お伝えするようにしました。

法律でも、運転途中には電話自体をさわることも許されてはいませんので、このような対応をすることにより、客先は、積残しがあった場合にもドライバーを戻す方法以外を考えて頂けるようになりました。

4　持込み運転手についての対策

一般貨物運送事業は、個人事業として個人で法人と同じ要件で営むことができます。

そのためには、5台以上に営業車の登録などの要件を満たす必要があり、一人親方等の一人での営業は、事実上できません。しかし、個人で5台分の営業ナンバーを取得し、他の労働者を雇用して下請業者としては営業することは可能です。

しかし、自家用自動車の白ナンバーでの運賃が発生する業務は違法であり、必ず営業ナンバーである緑ナンバーが必要となるため、持込み運転手も営業ナンバーは必要となります。また、他の業者からナンバーを借りて営業する事は違法であり、「ナンバー貸し」と呼ばれている行為と考えられます。貸した事業者は事業停止30日の行政処分となり営業できなくなります。

自家用ナンバーでの他社からの営業はできませんが、社内での工場内での輸送などで他社からの運賃などが発生しないものについては使用することができます。

・持込み運転手の車両の営業ナンバーは、運転手自身が個人事業として登録し業として行っている場合→下請業者としての扱いとする。

・持込み運転手が業者から営業ナンバーを借りて営業 → ナンバー貸しとなり違法(事業停止30日)

　法人ではなくても、運送業の要件を満たせば個人事業主として一般貨物運送業を営むことができます。

[運送業の条件]

車両：運送事業者としての営業許可、車両登録5台以上必要

人：運行管理者、整備管理者、衛生管理者(50人以上)選任などの要件

5 ドライバーが運転業務をできなくなった場合の対策

　就業規則には、運送業ならではの改善基準告示を明記し、服務規律などでドライバー特有な業務内容を記載しましょう。

　運送業でのドライバーとして採用し、業務の変更なしと労働契約を締結していましたが、私傷病のため運転ができなくなったという事例を聞きます。まずは、本人と話し合い、運転以外の部署での勤務場所の異動を考えます。

　また、ドライバー自身が退職を考えている場合は、特定理由離職者(体力の不足、心身の障害、疾病、負傷、視力の減退、聴力の減退、触覚の減退等により離職した者)の説明をする方法もあります。医師の診断書などが必要となる場合もありますので、ハローワークにて確認して下さい。特定理由離職者に該当すると考えられる場合は、雇用保険による失業保険である基本手当が早くに支給となる場合もあります。

6 従業員が、50人以上になった場合の対策

　従業員規模ですが、おおよそ50人を境に会社規模を考えている事業所が多く見受けられます。その理由は、従業員が50人以上になると、その事業所単位で、届出等の手続きを行わなければならない内容が増えるためと考えられます。これは運送業だけのことではありませんが、対策として支店などの増設で人数調整が考えられます。しかし、その増設した事業所でも、運送業の場合は運行管理者等の選任など数々の要件が必要となりますので、必ず行ってください。

【従業員の人数が50人以上の場合必要な届出事項】

　①　衛生管理者の選任

　②　ストレスチェックの届出

　③　健康診断の届出等

　④　産業医の選任

【事業所の増設をした場合】

　運行管理者・衛生管理者選任等など、1事業所の新規作成と同じ手続きを行うことになります。

第9章

「2024年問題」が
投げかけるもの

運送業界での2024年問題への法改正についての対応が迫られています。

しかしながら、日頃から運送事業としてすべきことを行っていれば、なにも怖いことはありません。正しい時間管理を行っていれば、必然的に内容の把握ができます。その実態を把握したうえで、どのようにすれば、時間外労働の短縮ができるかを考えましょう。

1　2024年問題への対策についての確認

運送業界における2024年問題とは、2024年4月から、これまで猶予されていたトラック運転者にも時間外労働上限規制が適用されることに伴って起こるであろうと予測される問題のことですが、そもそもそのような問題が起こる可能性があるのに、どうしてそのような適用が行われるのでしょうか？

トラック運送事業で、最も重要なことは安全であり、安全に勝るものはありません。

物流とは、必要なものが必要な場所に必要とされるタイミングで届けられる、その業務を担っているのがトラック運転者です。トラック運転者が健康でなければ、運ぶことができないのです。人々が生活を営む上で、必要な物を必要とする場所まで輸送するという重要な役割を担っているにも関わらず、全産業に比べて健康を害する長時間労働で、年間所得額

が低い状態が続いているのが現状です。

　私は、トラック運送業を専門とする社会保険労務士であり、なぜ労働時間に関する法律が次々と改正され、このように厳しくなっていくのかという投げかけに対しては、トラック運送業の労働環境の改善のためであると答えます。

　トラックという大きな車で、大量の荷物を安全に目的地まで輸送することは、たやすいことではありません。大きな事故が起こってしまったその度に法律が改正されるのは、「安全」ということがどれほど重要であるかの現れだと思います。

　そして、具体的に安全かつ健康に輸送するその方法の一つとして、時間外労働の削減という方法があるのだと思います。トラック運転手は人間です。人が運んでいるのです。1日24時間という限られた時間の中で、トラック運送業で仕事をするという時間を過ごしているのです。長時間労働と言われるこの業界で、トラック運転者が健康で必要な場所へ必要な物を運ぶことで、人々の生活を支えています。このように重要な役割を担っているトラック運送業という業界の労働環境は、決してよいものとは言えません。ということは、つまり改善できる部分がたくさんあるということです。

(1)　改善基準告示の見直しの方向性について

　「2024年問題」として自動車運転者の時間外労働の上限規制が2024年4月以降は年間960時間となります。これは法律ですので、法違反となると6カ月以下の懲役(編注：刑法等の一部改正法により拘禁刑に改正される予定)または30万円以下の罰金が科せられます。

時間外労働年960時間の上限規制も始まります！

令和6年
(2024年)
4月から

時間外労働が年960時間を超えているドライバーがいる場合は、令和6年4月からの適用開始に向けて、荷主との話し合いの場を持ちましょう！

また、将来的には時間外労働の上限規制が一般職と同じ年720時間になることも、いまから念頭において取り組みを進めましょう！

時間外労働の上限規制に関する詳細は厚生労働省ホームページをご覧ください

詳しい情報はこちら

厚労省 時間外労働の上限規制 適用猶予事業　検索

（資料出所：公益社団法人全日本トラック協会、国土交通省、厚生労働省「令和6年(2024年) 4月から適用トラック運転者の改善基準告示がかわります！」）

それに加え、時間外労働月60時間超え残業割増率50％となりました。

令和5年
(2023年)
4月から

時間外労働が月60時間を超える場合の残業割増賃金率も変わります！

（資料出所：公益社団法人全日本トラック協会、国土交通省、厚生労働省「令和6年(2024年) 4月から適用トラック運転者の改善基準告示がかわります！」）

　また、トラックドライバーにとって一番影響のある改善基準告示の見直しが行われます。2022（令和4）年9月8日に労働政策審議会労働条件分科会自動車運転者労働時間等専門委員会トラック作業部会で改善基準告示の見直しの方向性が議論されました。

主な項目	主な内容	
1年、1か月の拘束時間	1年 **3,300** 時間以内 1か月 **284** 時間以内	【例外】労使協定により、次のとおり延長可（①②を満たす必要あり） 1年：3,400 時間以内 1か月：310 時間以内（年 6 か月まで） ① 284 時間超は連続 3 か月まで ② 1 か月の時間外・休日労働時間数が 100 時間未満となるよう努める
1日の拘束時間	**13** 時間以内（上限 15 時間、14 時間超は週 2 回までが目安） 【例外】宿泊を伴う長距離貨物運送の場合、16 時間まで延長可（週 2 回まで）	
1日の休息期間	継続 **11** 時間以上与えるよう努めることを基本とし、**9** 時間を下回らない 【例外】宿泊を伴う長距離貨物運送の場合、継続 8 時間以上（週 2 回まで） 休息期間のいずれかが 9 時間を下回る場合は、運行終了後に継続 12 時間以上の休息期間を与える	
連続運転時間	**4** 時間以内 運転の中断時には、原則として休憩を与える（1回おおむね連続10分以上、合計30分以上） 10分未満の運転の中断は、3回以上連続しない 【例外】SA、PA等に駐停車できないことにより、やむを得ず 4 時間を超える場合、4 時間 30 分まで延長可	

（資料出所：公益社団法人全日本トラック協会、国土交通省、厚生労働省「令和 6 年（2024年）4 月から適用トラック運転者の改善基準告示がかわります！」）

1　1年、1か月の拘束時間

原則
- 1年 **3,300**時間以内　[新　設]
- 1か月 **284**時間以内　[改　正]

例外
- 労使協定を締結することで、年間の総拘束時間が**3,400**時間を超えない範囲で、年**6か月**までは、1か月の拘束時間を**310**時間まで延長することができます。[改　正]
- なお、1か月の拘束時間が284時間を超える月が**3か月を超えて連続してはいけません**。また、1か月の時間外・休日労働時間数が**100時間未満**となるよう努めてください。[新　設]

月284時間を12か月連続することはできません！
284時間×12月＝3,408時間となり、3,300時間(最大年3,400時間)を超えてしまい、違反となります！

月284時間超を4か月連続することはできません！

1か月の時間外・休日労働時間100時間が過労死ラインとなっているので、例外を使う場合でも、時間外・休日労働時間数が月100時間未満となるように努めましょう！

(資料出所：公益社団法人全日本トラック協会、国土交通省、厚生労働省「令和6年(2024年)4月から適用トラック運転者の改善基準告示がかわります！」)

　拘束時間は、原則1年が3,516時間から3,300時間、1カ月については293時間が284時間となります。

　例外として労使協定により、年間6カ月までは、年間の総拘束時間が3,400時間を超えない範囲内において1カ月の拘束時間を310時間まで延長できます。この場合、1カ月の拘束時間が284時間を超える月が3カ月を超えて連続しないものとし、1カ月の時間外・休日労働時間時間数が100時間未満となるように努めるようにしなければなりません。

2 1日の拘束時間

原 則

- **13**時間以内 [変更なし]
- 上限 **15**時間まで [改 正]
- なお、14時間を超える回数は、**1**週間で**2**回までが目安となっています。

例 外

- 宿泊を伴う**長距離貨物運送**(※)の場合、**16**時間まで延長とすることができます。（週2回まで）[新 設]

   (※) 1週間における運行がすべて長距離貨物運送（営業所を出てから営業所へ戻るまでの走行
   距離が450km以上）で、営業所を出てから営業所へ戻るまでにおける休息期間が住所地以
   外の場所におけるものである場合

長距離貨物運送とは、営業
所を出てから、営業所へ戻
るまでの距離が450km以上
の輸送です

1週間の間で、長距離貨物運
送と長距離貨物運送以外の運
行が混在する場合、例外は使
えません

（資料出所：公益社団法人全日本トラック協会、国土交通省、厚生労働省「令和6年（2024年）4月から適用トラック
運転者の改善基準告示がかわります！」)

　1日の拘束時間は、原則13時間を超えないものとし、最大拘束時間は15時間とします。例外として、自動車運転者の1週間の運行がすべて長距離貨物運送で、かつ、一の運行の休息期間が住所地以外の場合は、1週間において2回限り最大拘束時間を16時間とすることができます。

　例外として上記の場合において、1日の拘束時間が14時間を超える回数をできるだけ少なくするよう努めるものとします(努力規定)。

1 日の休息期間

| 原　則 | ● 休息期間は、勤務終了後、継続 **11 時間以上**となるよう努めることを基本とし、継続 **9 時間**を下回ることはできません。　改　正 |

| 例　外 | ● 宿泊を伴う**長距離貨物運送**（※）の場合、継続 **8 時間以上**とすることができます。（週 2 回まで）　新　設 |

● 例外による場合は、一の運行終了後、継続 **12 時間以上**の休息期間を与えなければなりません。　新　設

（※）1 週間における運行がすべて長距離貨物運送（営業所を出てから営業所へ戻るまでの走行距離が 450km 以上）で、営業所を出てから営業所へ戻るまでにおける休息期間が住所地以外の場所におけるものである場合

  例外による場合は、自宅での休息を継続12時間以上とらなければなりません

（資料出所：公益社団法人全日本トラック協会、国土交通省、厚生労働省「令和 6 年（2024 年）4 月から適用トラック運転者の改善基準告示がかわります！」）

　1 日の休息期間は原則基本11時間（努力規定）とし、9 時間が下限となります。

　例外は、自動車運転者の 1 週間の運行がすべて長距離貨物運送で、かつ、一の運行の休息期間が住所地以外の場合は、1 週間において 2 回に限り継続 8 時間以上とすることができます。この場合、一の運行終了後、継続12時間以上の休息期間を与えることとします。

※ 1 週間の長距離貨物運送は、一の運行の走行距離が450km 以上の貨物輸送をいいます。

※一の運行とは、運転者が所属する事業場を出発してから所属事業場の帰着までをいいます。

※一の運行で休息期間が 9 時間を下回る場合には、運行終了後に継続12時間以上の休息期間を与えるものとします。

4 運転時間

- 2日平均1日9時間以内
- 2週平均1週間44時間以内　変更なし

1日平均の考え方

1日当たりの運転時間の計算に当たっては、特定の日を起算日として2日ごとに区切り、その2日間の平均を計算します

図1では、2日目と3日目の平均が1日当たり8時間なので、◯です！

図2は、前2日平均も後2日平均も、1日当たり9時間を超えるので、違反となります！

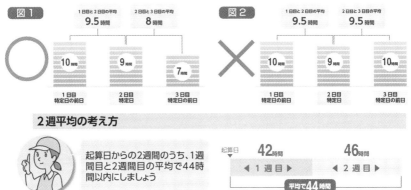

(資料出所：公益社団法人全日本トラック協会、国土交通省、厚生労働省「令和6年（2024年）4月から適用トラック運転者の改善基準告示がかわります！」)

　運転時間は、2日を平均し<u>1日9時間</u>、2週間平均1週間<u>あたり44時間を超えない</u>ものとします(現行どおり)。

5 連続運転時間

原　則
- 連続運転時間は、**4 時間**以内 変更なし
- 運転の中断時には、**原則休憩**を与える必要があります。また1回**おおむね連続 10 分**以上で、**合計が 30 分**以上の中断が必要です。 改　正
- 10 分未満の運転の中断は、3 回以上連続することはできません。

例　外
- SA・PA、道の駅に駐停車できないことで、やむを得ず4時間を超える場合は、**4 時間 30 分**まで延長することができます。 新　設

基本的な考え方は、通算4時間運転をしたら、30分は運転を止める、ということです

30 のまとまった時間が取れない場合は、おおむね 10 分以上の時間に分割してとることもできます

「おおむね」だからといって、10分未満の中断を3回以上連続することはできません

SA・PA、道の駅などが混雑してやむを得ず4時間を超える場合は30分まで延長できます

配車の段階から4時間を超える運行計画を立てることは認められません

SA・PA 道の駅

満車

SA・PA 道の駅

4時間→　→30分延長

（資料出所：公益社団法人全日本トラック協会、国土交通省、厚生労働省「令和6年（2024年）4月から適用トラック運転者の改善基準告示がかわります！」）

連続運転時間は、<u>4時間を超えないもの</u>とし、中断は<u>1回がおおむね連続10分以上で合計30分以上</u>とします。その中断は、<u>原則休憩</u>とします。ただし、サービスエリア等に駐車できずに運転が<u>4時間を超える場合は、30分まで延長</u>することとします。

2人乗務特例 自動車運転者が同時に1台の自動車に2人以上乗務する場合

▶ 車両内に身体を伸ばして休息することができる設備がある場合、最大拘束時間を20時間まで延長し、休息期間は4時間まで短縮できます。[変更なし]
▶ 設備（車両内ベッド）(※)の要件を満たす場合、次のとおり、拘束時間をさらに延長できます。[新設]
・拘束時間を24時間まで延長できます。（ただし、運行終了後、継続11時間以上の休息期間を与えることが必要）
・さらに、8時間以上の仮眠時間を与える場合、拘束時間を28時間まで延長できます。
（※）車両内ベッドが、長さ198cm以上、かつ、幅80cm以上の連続した平面であり、かつ、クッション材等により走行中の路面等からの衝撃が緩和されるものであること

（資料出所：公益社団法人全日本トラック協会、国土交通省、厚生労働省「令和6年（2024年）4月から適用トラック運転者の改善基準告示がかわります！」）

2人乗務の特例は、1台の車両に2人以上乗務する場合（休息できる設備あり）は、最大拘束時間20時間まで延長でき、休息期間は4時間まで短縮することができます。

①　車両内ベッドは、長さ198cm以上かつ幅80cm以上の連続した平面

②　車両内ベッドは、クッション素材等により走行中の路面等からの衝撃が緩和されるもの

なお、①、②に該当する場合は、拘束時間を24時間まで延長でき、ベッド等で8時間以上の仮眠時間を与える場合は、拘束時間を28時間まで延長することができます。

隔日勤務の特例 業務の必要上、やむを得ない場合 〔変更なし〕

▸ 2暦日における拘束時間は、21時間を超えてはなりません。また勤務終了後、継続20時間以上の休息期間を与えなければなりません。

▸ 仮眠施設で、夜間4時間以上の仮眠を与える場合、2暦日の拘束時間を24時間まで延長できます。（2週間に3回まで）

▸ 2週間の拘束時間は126時間（21時間×6勤務）を超えることができません。

（資料出所：公益社団法人全日本トラック協会、国土交通省、厚生労働省「令和6年（2024年）4月から適用トラック運転者の改善基準告示がかわります！」）

隔日勤務の特例は、現行どおりです。

フェリー特例 〔変更なし〕

▸ フェリー乗船時間は、原則として、休息期間となります。

▸ 減算後の休息期間は、フェリー下船時刻から勤務終了時刻までの間の時間の2分の1を下回ってはなりません。

▸ フェリー乗船時間が8時間を超える場合、原則としてフェリー下船時刻から次の勤務が開始となります。

（資料出所：公益社団法人全日本トラック協会、国土交通省、厚生労働省「令和6年（2024年）4月から適用トラック運転者の改善基準告示がかわります！」）

フェリー特例は、現行通りです。

6 特例

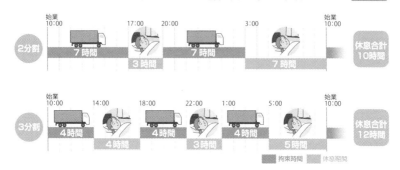

分割休息
特例

継続９時間以上の休息期間を与えることが困難な場合
▶ 分割休息は、１回当たり継続３時間以上 [改 正]
▶ 休息期間の合計は、2分割:合計10時間以上、3分割:12時間以上 [改 正]
▶ 休息期間が３分割の日が連続しないよう努めなければなりません。
▶ 一定期間(1か月程度)における全勤務回数の2分の1が限度となります。[変更なし]

(資料出所：公益社団法人全日本トラック協会、国土交通省、厚生労働省「令和６年(2024年)４月から適用トラック運転者の改善基準告示がかわります！」)

　分割休息は、継続９時間以上の休息期間を与えることが困難な場合は、分割して与えることができるものとします。

　自動車運転者の１週間の運行がすべて長距離貨物運送で、かつ、一の運行の休息期間が住所地以外の場合は継続８時間以上与えることとします。

　分割された休息期間は、１日１回継続３時間以上合計10時間以上でなければなりません。３分割も認められますが、３分割では１日合計12時間以上の休息期間が必要となります。３時間＋７時間＝合計10時間でも取ることができます。

7　予期しえない事象　〔新　設〕

- 事故、故障、災害等、通常予期し得ない事象に遭遇し、一定の遅延が生じた場合には、客観的な記録が認められる場合に限り、1日の拘束時間(※)、運転時間(2日平均)(※)、連続運転時間の規制の適用に当たっては、その対応に要した時間を除くことができます。

(※) 1年や1か月の拘束時間、2週平均の運転時間からは除くことはできません。

具体的な事由	ア 運転中に乗務している車両が予期せず故障した場合 イ 運転中に予期せず乗船予定のフェリーが欠航した場合 ウ 運転中に災害や事故の発生に伴い、道路が封鎖された場合、道路が渋滞した場合 エ 異常気象(警報発表時)に遭遇し、運転中に正常な運行が困難となった場合

- 勤務終了後は、通常どおりの休息期間(※)を与えなければなりません。

(※) 休息期間は、勤務終了後、継続11時間以上与えるよう努めることを基本に、継続9時間を下回ることは認められません。

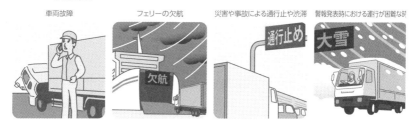

車両故障　　　　フェリーの欠航　　　災害や事故による通行止や渋滞　警報発表時における運行が困難な時

(資料出所：公益社団法人全日本トラック協会、国土交通省、厚生労働省「令和6年(2024年)4月から適用トラック運転者の改善基準告示がかわります!」)

　予期しえない事象に遭遇し遅延が生じた場合は、<u>客観的な記録が認められる場合に限り</u>、1日の拘束時間、運転時間(2日平均)、連続運転時間は、対応に要した時間を除くことができます。

① 運転中に乗務している車両が予期せず故障した場合

② 運転中に予期せず乗船予定のフェリーが欠航した場合

③ 運転中に災害や事故の発生に伴い、道路が封鎖された場合、道路が渋滞した場合

④ 異常気象(警報発表時)に遭遇し、運転に正常な運行が困難となった場合

この予期しえない事象が起こった場合については、手書き日報や運行

指示書などにそのつどすぐに記載しておきましょう。

　法律は、義務規定と努力規定がありますので、義務規定では、その時間を超えると是正勧告となり、罰則などが課される場合があります。

　この度の時間外上限規制は法律ですので罰則規定がありますが、改善基準告示は法律ではなく告示となります。しかし、違反となれば是正勧告となりますので、そのようにならないように、まだ、取りかかっていない会社は、頑張ってすぐに改善対応が必要となります。

　時間外労働の上限規制や改善基準告示の見直しに、対応できるようにひとつずつ、順番に改善を行いましょう。

⑵　2024年問題の対策としての時間管理

　また、時間短縮に関しては、まずは現状の把握となりますが、時間管理をしなければならないことの重要性を再度お伝えします。「なぜ、時間管理をしなければならないのか？」という問題について考えてみましょう。

　トラック運送業は長時間労働であると言われますが、労働時間管理をしなければならない第一の理由は、従業員が会社においてどれくらいの時間を拘束されているか、どれくらい労働しているかなどを知ることにより、従業員の健康管理に繋がるということです。労働時間管理をしなければ、過重労働になっていてもわかりませんし、トラック運送業だけでなく、法律でも会社の事業主は労働者の労働時間の把握をしなければならないと明記されています。

　労働時間管理が必要な第二の理由には、労働時間がわからないと時間外労働の時間が不明になり、その部分が高額な賃金未払いとなっている可能性があるからです。現場で聞く話ですが、採用時に会社からドライバーに対して口頭で、「月40万円の手取りの賃金を払うが、その中に残業

代も含まれています。」と話をしているので大丈夫ですと言われます。

　普段よく頑張っているドライバーに対して、社長が口頭で約束をしているので、明細などで記載しなくても、残業代の請求などはないと信じているため「あのドライバーにかぎって請求などはない。」と言われます。しかし、そのような考え方は、これからはますます厳しくなります。

　残念なことですが、そのようなリスクを抱えることより、正しい労働時間管理をする上で、新たな賃金構築をすることの方が先決であると考えます。まずは、会社でできる内容の賃金制度を構築して下さい。その際に重要なことは、例外を作らないということです。

　それから、賃金の話をする際は、手取りではなく、総賃金支給額での提示を行ってください。手取りになると、控除される税金、社会保険料など個々に違ってきます。

　第三の理由は、自動車運転者の改善基準告示が守られていない場合が多く考えられますので、是正の対象になる可能性があるということです。実際には、労働時間管理をしていないので、法律違反になっているかどうかもわからない状況ではありますが、改善基準告示では、他の業種にはないような厳しい規制がたくさんあります。

　労働基準法第32条において、1週間について休憩時間を除き40時間を超えて労働させてはならず、1週間の各日において休憩時間を除き1日8時間を超えて労働させてはいけないと定められています。それについての罰則は6カ月以下の懲役〔編注：刑法等一部改正法により拘禁刑に改正予定〕または30万円以下の罰金となっています。それを労使協定である36協定の締結・届出により規制解除効力発生となります。

　改正前の法律上は特別条項での残業時間の上限はなく、行政指導のみだけでしたが、改正後は、法律で残業時間の上限を規制しました。一般労働者は、2020（令和2）年4月より時間外労働時間の上限規制が行われ

ており、運送業では業務を行う自動車運転者以外の従業員である運行管理者や現場作業員、フォークリフトのオペレーター等は、一般労働者であるためすでに規制となっています。その上限時間は、1年に対しては、720時間、1カ月単月100時間未満、複数月80時間となっています。法改正により、36協定や特別条項についても新書式となっています。

その書式の内容に「上記で定める時間数に関わらず、時間外労働及び休日労働を合算した時間数は、1箇月について100時間未満でなければならず、かつ2箇月から6箇月までを平均して80時間を超過しないこと。」の記載があり、これに対するチェック欄がありますので、チェックを忘れないようにして下さい。

以前は、トラック運送業では、労働時間管理をしないでも、ドライバーに頑張った分に対し、賃金の支払いができているところも多くありました。それは、会社もドライバーも、お互いに都合が良かったからです。その賃金の支払い方の代表的なものは、完全償却制といわれるものでした。

その支払い方は、賃金といいつつ、ドライバーに対して雇用ではなく請負による支払い方です。売上に対してパーセンテージの管理料を会社に支払い、他に燃料費、高速代、保険料などのかかった経費を差し引いて、その残りを賃金として支給しました。管理料という名目の名義貸し料とも考えられます。会社は労働時間管理をまったくしなくてもドライバーに支払う賃金額が算出されます。毎月同額の基本給を支払い、余った金額は、賞与として支払っていました。また、社会保険料も労使折半しているので、労働者と考えられ雇用していると主張していた会社もありました。

しかしながら、その労働者が会社を退職し、労働基準監督署に残業代をもらっていないと申告した例や退職後1週間もしない内に、代理人弁護士より内容証明が届く例は珍しくありません。労働時間管理を行って

いなくとも、運行記録計により時間を算出することはできます。その方法で基本給から時間外労働時間の単価を計算し、所定労働時間を超える時間外労働時間に対しての未払い額が発生し、思いもよらない高額の未払賃金の支払いをしなければならなくなります。

この業界では、長時間労働、低賃金と考えられていますが、長時間労働を一般的な時間に、そして高賃金にするためには、賃金の元になる運賃が上がるようにならなければなりません。

⑶　長距離輸送における労働環境の改善

この業界の長時間労働と言われる長距離輸送専門での事業所のほとんどが、この改善基準告示を守ろうと努力はしています。しかし、現実には難しく時間的に制限があるため困難となっている事実があります。

勤務間インターバルである終業時刻から始業時刻までの時間を、一般事業者の場合は休息時間と言いますが、改善基準告示では休息期間といい継続 8 時間以上が必要となります。よって 1 日は24時間なので、休息期間と拘束時間からなる休息期間の最短の 8 時間を控除すると、残り16時間が最長の拘束時間となります。一般事業者の勤務間インターバルについては、使用者に導入のための努力義務とされています。

改善基準告示の制限などを考えると長距離輸送は時間的に厳しく、荷卸しをした場所で積込みを行い、そこで休息期間の継続 8 時間を過ごす事ができれば時間厳守できると考えられます(改善基準告示見直しは、前述を参照して下さい。)。

しかし、一般的には荷下し場所から積込み場所への移動がある場合が多いので、その走行時間や積み込むまでの時間がかかるため法遵守は困難となり、 1 週間で複数回の運行は不可能と考えられます。

労働基準監督署で使用している参考書である「自動車運転者労務改善

基準の解説」には、「一人乗務で片道拘束15時間を超える長距離の往復輸送は、1週につき1回しか行わせることができない」と断言されています。

　長距離輸送が長時間労働となる問題点の解決方法について、一例を取り上げることとしてみます。

　たとえば、長距離輸送での、会社からの経費節約として高速道路のETC深夜割引の利用指定が考えられます。毎日、午前0時より午前4時までの間で、ETCが整備されているインターチェンジをETC無線通信により走行すれば、30％の割引が適用となります（2022（令和4）年1月現在）。多大なる輸送経費がかかっているため、会社からはドライバーに割引利用の指示が入っています。東京インター前では午前0時前にはトラックの行列ができ、トラック運転者が0時になるのを待ち構えている光景も珍しくありません。

　なぜ、この時間にトラックがたくさん待機しているかわかりますかとドライバーより質問を受けたことがあります。それは、そこまで、待機する場所がないからです。ドライバーが待機する場所であるサービスエリアなどがたくさんあれば、身体を休めることができるのではないかと思います。この割引される時間を緩和し、待機している時間をなくす工夫ができれば、荷卸し場所に早々に到着し、荷卸し時間までは休憩ができれば、なお良いと思われます。

　自動車運送業は、商品等の運搬により運賃を頂き運送することを業としています。そして、そこで働く自動車運転者の労働条件を良くする条件として、賃金の昇給と共に長時間労働の削減が考えられます。

　また、働き方としての長距離輸送は、1日で業務が完結しないので、自動車運転者が1週間帰宅できないことも考えなければなりません。長時間運転走行し、荷卸し場所に到着するのです。それに対して、地場輸送は、その日1日で業務が終了するため、基本的に毎日帰宅できる場合

が多いです。

　たとえば、荷卸し近くの待機場所で、荷卸しの電話連絡待ちをすることなどは珍しくありません。早くに到着しても、その待機のために休憩時間が短くなってしまいます。

　荷卸し場所の工場などで荷の到着がわかってはいますが、トラックが来て初めて場所を作る作業を行い、当然のように運転手を待たせます。その時間は費用がかからないと考えているためかも知れません。

　国土交通省では、この荷主理由による荷待ち時間や荷役時間で30分以上の荷待ち時間等の記録義務付け（貨物自動車運送事業輸送安全規則の一部改正）が2017年（平成29年）7月1日より行われました。それが自動車運転者に対して待機時間か休憩時間かと問われることが多いですが、休憩時間では賃金が発生せず、待機時間となると労働時間となります。標準的な運賃の届出により荷主に対して請求はできますが、荷主の理解がなければ義務付けといえども支払ってはもらえません。

　また、運転者に対して記録の義務化は容易ではありますが、荷待ちである待機と休憩についての基準があいまいで、事業所ごとで同一条件の基準を作成することが必要と考えます。これに関しても、元請の場合は荷主に協力要請はできますが、下請事業者となると請負いのため、請求は困難となります。

　国土交通省資料によると「荷主企業と運送事業者が一体となって、荷待ち時間の削減、荷役作業の効率化等長時間労働の改善に取り組むことが重要」と自動車運転者の労働条件について明示し、荷待ち時間のサンプル調査について（速報値）で30分から１時間の荷待ち時間が44％を示しています。この荷待ち時間がなくなれば、時間外労働の削減となり労働条件改善となります。

　さらに、長時間労働をなくすメリットを考えることとします。

①　残業代削減と、過重労働の責任追及がなくなるという法的リスクが回避できる。

②　短時間で効率よく働く工夫をして個人作業のレベルアップとなる。

③ 拘束時間が短くなるので、ライフワークバランスで豊かな生活ができる。

④ 不必要な長時間労働での不公平さの判断ができる。

⑤ 労働時間についての採用にも有利となる。

長時間労働の削減として、その問題点である原因を究明し、業務内容を根本的に見直す必要があります。

また、長距離トラック運転者の健康について、疲労とその関連要因の結果、長時間運転、睡眠不足、休日不足と疲労の明瞭な関係が認められました。それに加え、運転作業負荷、睡眠環境、会社での休憩場所、キャビンでの快適性の環境条件への不満や顧客や荷主との人間関係への不満などが疲労に関連していました。

そのさまざまなトラック運転者の疲労に影響する要因に対する予防・改善は、過重労働にならない配車を行い、充分な休憩・休息を取ることができる運行管理を行うことは言うまでもありません。運行管理者は、長距離トラック運転者は勿論のこと、中距離、近距離のトラック運転者と共に健康に業務を行える環境作りと、健康管理体制の整備および生活習慣の改善・指導が必要となります。

労働基準法の改正は、多くの場合、規制を強化する部分と緩和する部分のバランスを取りながら、あるいは双方をバーターしながら行われてきています。

しかしながら、運送業に対する法改正により、自動車運転者の労働環境が改善されているとは思えず、運送事業者や自動車運転者に対しても、より厳しいものとなっているように見受けられます。

物流産業における労働力不足に対する問題は、国民生活に必要な輸送手段である社会インフラの機能不全であり、物を運ぶことができない深刻な問題を引き起こすので、早急に解決が必要と思われます。

　運送事業者は、法遵守を心がけながら、それ以上のオンリーワンといわれるような独自の強みが必須となります。自社だけでは解決できない外的な要因もあり得ますが、まずはどのようにすれば、労働環境の改善となるか、詳細に検討していくことが重要です。

　また、運送業では在宅ワークをしようと考えても難しく、コロナ禍での仕事量は客先である荷主によって左右されます。ところが他の業種での在宅ワークが増えているため、食料品関係などのスーパーや宅配便関係についての配送仕事は忙しくなってきています。しかし、ほとんどの事業所で仕事量が激減していましたが戻りつつあるのも事実です。

　それに伴い、トラック運転者の転職も始まっています。運転者は、現在勤務している会社での労働環境、つまり働きやすい労働環境であるのか、その居心地が良いかどうかを転職前後の会社について天秤にかけているようです。

　トラック運送業界では、時間指定についても、業界独特な言い回しがあり、朝8時や昼1時を朝一(あさいち)や昼一(ひるいち)などと現場では言いますが、時間指定の時間を明確に指示書などに記載する方法も有効と考えられます。運転者は個人差があり、無意識に出る習慣化された走り方や仕事方法があるからです。

　今までは、トラックや運転することが好きな方が、ドライバーとして入社し、与えられた自分専用のトラックを整備し、洗車しながら大切に扱っていました。新車からは程遠い5年以上乗務しているトラックを見て、客先から新車ですかと言われた時がありました。トラックは会社の資産ですので、それを大事に乗っているドライバーは良く仕事ができる方と記憶しています。商品をお客様からお預かりし、無事に配送するのが運送業ですが、その商品を届出したら必ずお礼の電話があり、その時は嬉しかったものです。

　この運送業の要は国家資格を合格した運行管理者です。原則は対面点呼を行わなければならないのですが、実際には人材不足のため、電話点呼で済まされているところも、たまに見かけます。ドライバーの時間管理や体調の確認など、管理するのが仕事となっていますので、運送業の場合は運行管理者とコミュニケーションが取れれば会社の労働時間管理がわかります。

　また、この業界では、安全が、一番重要となります。事故はつきものと言われる事業主がいました。それは、そのような気持ちでいれば、事故はついてきます。よく言われるのは、小さい事故をよく起こす人は、必ずと言っていいほど、大きな事故を引き寄せます。小さな事故でも、必ず、その原因やこれからの方向性などの話合いを行って下さい。会社で起こった事故は、必ず、水平展開して事例として、今後同じ事故が起こらぬように心がけして下さい。

　事故には、二通りあります。起こるべくして起こった事故と、偶然にも残念ながら起こってしまった事故です。起こるべくして起こった事故は防げる事故です。配車の際に大丈夫と思えない状況で乗車させるべきではなかったと、後悔することのないようにして頂きたいです。

⑷　荷主企業との関わり

　また、安全はもとより、昭和や平成の時代には、荷主様は神様であり、当時は荷主が言う事は絶対だという意識がありました。安全を度外視した無理難題を言われても断ることができませんでした。それをどうすれば無難にクリアできるか、リスク軽減できるかなどと考える日々が続きました。今から思えば、そのような時代であったのかもしれません。

　恒常的に行われていた過積載や商品の仕上がりの遅れによる長時間待機、その一つひとつに対して対応しながら荷主と話し合い、その後は過

積載となる重量の積込みがなくなった事業所もあります。長時間待機についても、積込み後の出発が遅れた場合は、時間を決めて規程化し全線高速指定の費用に加え、待機料も頂けるようになりました。そうすると、過積載や長時間待機が少なくなって、しまいには法律的にはいかがなものかと思えるオーダーがなくなりました。荷主もこの事業所には、過積載や長時間待機はできないと思って頂けるようになったのでしょう。それも、日頃からドライバーが荷主とのコミュニケーションを取り、頑張って仕事をしてくれるからだと痛感しています。

　今後はドライバーという職業を選んで頂ける人が、ますます少なくなる傾向にあります。トラック運送の仕事自体は減少することはなく、増加する傾向にあるのにも関わらずです。自動運転などの話はありますが、最終的な荷卸しはドライバーによるトラック輸送となります。

　これを具体的に申し上げると、今後さらにドライバー不足が深刻化し運送会社が成り立たなくなると言う現実がありながら、輸送品は増えてくるのです。ここで言えることは、普段のドライバーの仕事ぶりが重要となり、個々の会社と荷主との繋がりが強い程、運送会社が生き残れるということではないでしょうか。そのためには会社として、これからどのようにしていかなければならないのか考えていかなければなりません。

　また、最近では、生活用品や食物などの物の価格が上がっています。その原因が、原材料はもとより運送費用が上がっていると、よく報道されてはいますが、実際に運んでいる運送業の運賃にまでは届いていないのが現状です。運賃は上がっていないにも関わらず、軽油価格などの経費が激増しています。

　燃料価格が１円上がるとトラック業界全体で約50億円負担が増えます。だから、この業界は、ますます厳しくなっているのです。

　荷主と運送会社とのつながりはさまざまです。どうせ無理と考える前

に、どうすれば多少運賃を上げてでも、この運送会社に仕事を依頼したいと思ってもらえるような会社にすることができるかを考えてみるのはどうでしょうか。何かを変えなければ何も変わりません。

運賃値上げの際は、実質営業職と考えられるドライバーが荷主に対してどのような仕事をしているかが一番重要となります。値上げ申請に行った所、「あんたところのドライバーの様子知っているか?」と反対に注意を受けるようになると値上げどころではなくなります。悲しい話です。

しかし、「あんたところやったら、日頃からドライバーが良い仕事をしてくれるから、こっちもしんどいけどなぁ、しょうがないなぁ、なんとか少しだけやけど、上げたるわ。」と、ドライバーの仕事ぶりと、普段のコミュニケーションができていれば値上がる可能性も大きくなります。

つい最近ですが、ある会社の部長から「少しだけやけど、上げてもろた。」と連絡を頂きました。電話口でお互いに大喜びです。それもその部長が客先に日参して頑張り、ドライバーも良い仕事をしていた結果だと思います。

また、ドライバーに対しての管理教育ですが、だれしも最初の一歩があります。最初からできる人は少ないです。全体的に考えると人の教育などに力を入れている会社は伸びているように感じます。教育は、入社時にその会社の方向性を示して、指導を行ってほしいと考えます。入社された新人は、まだ何もわからないので、その時の指導がこの会社のやり方だと思います。

そして、さまざまな考え方がありますが、私はドライバーが一人前になるということは、荷主より指名されるようになったときであり、客先でも良い仕事をしている証だと考えています。新規の客先にも、安心して最初に輸送をお願いできるプロドライバーがいます。そのドライバーの方々が良い仕事をしていればこそ、値上げに繋がるのではないのでしょ

うか。

　積込み先では、あたり前のようにドライバーを待たせる、荷物の段取りができていないなどとドライバーから現場の状況を聞くことがあります。その意見に耳を傾け、職場改善に繋げて下さい。ドライバーは現場を一番良く知っているのです。

　荷主に要請することに対しても、以前よりこの業界の方法で行っているので急に改善することは難しいと前向きではないことも多いです。とても残念に思います。前向きに取り組まなければ何も変わりません。2024（令和6）年に向けて会社の体制を整えるにあたり、時限立法である標準的な運賃を最大に活用されることもお勧めします。

⑸　自分たちから、できることから

　運行管理者として、配車業務を行っているときには、いかにドライバーに寄り添い、気持ちよく仕事をしてもらえるか、こちらの配車で少しでも負担が軽くならないかといつでも考えていました。そして、いつもドライバーを見かけたら「ありがとう」と声かけすることを忘れませんでした。

　そうした観点から見ると、社内でのドライバーと事務職員との間に大きな壁があるのも問題です。ある事業所での話です。最初にトラック関係会社より紹介を頂き、事業所に伺ったときのことです。しばらく事業所で様子をみていると、事業所と点呼場所との間にあるガラス戸をドライバーが開けて終業点呼を行おうとしたときです。点呼要員である運行管理者をはじめ、事業所の方々の誰もが何も言わないのです。

　私は、その時に思わずこちらから大きな声で「おつかれさま」とドライバーに言ってしまいました。これがドライバーと事務所との隔たりの原因だったのです。それが会社の今までの様子であることがわかり、その

会社の普通だったのです。突然に、今までなかったあいさつが事務所中に響き、私が注目の的になったことを覚えています。

「荷主は何もしてくれない。」運送会社からよく聞く言葉です。しかしながら、そのときは事業主に対して、「会社として、どのような改善などを行っていますか。」とこちらから問います。

まずは、会社ができることは何かを考えて下さい。それを行ったからと言っても、すぐに結果がでるかどうかはわかりません。しかし、行わなければ何も変わりません。2024（令和6）年に向けて、足元を固めて変えていかなければ前進もないのです。危機感をもって前向きに改善していった事業所が勝ち残ると言っても過言ではないと強く思っています。

この本には、労働時間管理に焦点をあて、法律の改正ポイントや、改善事例、具体的な方法などさまざまなことを記載しましたが、これらの方法がただ一つの正解というわけではありません。会社の数だけ時間管理のやり方、改善できるところがあります。これほどまでに何度も時間管理のことをお伝えするのは、時間管理を行うことによって、トラック運送業の労働環境が少しでも改善されることを願ってやまないからです。この業界は、人々の生活を支える重要な業界です。どんなに小さな会社であっても、トラック運送業界の会社は、それぞれの会社が人々の生活を支えています。

そのような重要な会社が存続するためには、売上げが上がればいいだけではなく、売上げを上げ続けなければなりません。会社の売上げを上げ続けるためには、労働環境が良いということは必須の条件だと思います。なぜなら、トラック運転手という「人」が業務を遂行しているからです。過酷な労働環境で無理をし続けて、長く労働を続けることが困難であることは言うまでもありません。

　どういう業界を目指していきたいのか？、どういう会社にしていきたいのか？、なぜ、売上げを上げたいのか？、安全に輸送することが、なぜ重要なのか？、なぜ、労働時間の削減が安全に繋がるのか？、自分たちが目指すよい労働環境とは、どんな環境なのか？、これらの質問の答えは、それぞれにあると思います。そのそれぞれの答えを信念として、それぞれの会社ができることに一つずつ取り組んでいけば、それぞれの会社に合っていて、なおかつ合法的な時間管理が必ずできます。それが、業界全体の労働環境の改善の一役を担い、また、トラック運送業がよりよい業界となることで、人々の生活がより豊かになるのです。

著者略歴

石原　清美（いしはら　きよみ）

　社会保険労務士事務所オフィスきよみ、オフィスきよみ企画株式会社代表取締役

　関西大学大学院ガバナンス研究科「トラック産業における労働時間規制の現状と課題」で修士課程修了

　繊維会社（現・東レ株式会社）を経て運送会社に入社。運行管理者、第一種衛生管理者など取得選任され、2006年運送会社取締役部長就任

　2008年社会保険労務士登録し、社会保険労務士事務所オフィスきよみを開設。2009年特定社会保険労務士付記（個別労働紛争代理）。産業カウンセラー登録

　総務省第三者委員会専門調査員、厚生労働省大阪中央労働基準監督署にて労働相談員として勤務。大阪府トラック協会北大阪支部顧問に任命

　2018年 5 月オフィスきよみ企画株式会社創立

　厚生労働省委託事業「トラック運転者の長時間労働改善特別相談センター」の事務所設置と時間管理改善コンサルタントとしての相談業務を行う。

　運送関係事業者関与100％の社労士として働きやすい労働環境作りを目指し、労使紛争、労働委員会、団体交渉参加など解決に向けての支援にも奮闘している。

　著書に『トラック運送業書式集』（日本法令・編著）、『トラック運送業・労務管理の基本の「き」』（日本法令・編著）、DVD『トラック運送業の労務管理Ｑ＆Ａ』（日本法令・編著）、『企業が行うべき安全管理の必要性』（月刊総務・共著）、『社用車の取扱いを確認しよう・企業実務』（日本実業出版社・共著）など多数

サービス・インフォメーション
━━ 通話無料 ━━
①商品に関するご照会・お申込みのご依頼
　　　　TEL 0120（203）694／FAX 0120（302）640
②ご住所・ご名義等各種変更のご連絡
　　　　TEL 0120（203）696／FAX 0120（202）974
③請求・お支払いに関するご照会・ご要望
　　　　TEL 0120（203）695／FAX 0120（202）973

●フリーダイヤル（TEL）の受付時間は、土・日・祝日を除く
　9：00〜17：30です。
●FAXは24時間受け付けておりますので、あわせてご利用ください。

ー売上・利益を維持し、ドライバーを定着させるー
中小企業のためのトラック運送業の時間外労働削減の実務　補訂版

2022年12月20日　初版発行
2023年 6 月15日　補訂版発行
2023年11月25日　補訂版第 2 刷発行

著　者　　特定社会保険労務士　石　原　清　美
発行者　　田　中　英　弥
発行所　　第一法規株式会社
　　　　　〒107-8560　東京都港区南青山 2 -11-17
　　　　　ホームページ　https://www.daiichihoki.co.jp/

運送業時間外補　ISBN978-4-474-09314-0　C2034（6）